생활지도와 상담

GUIDANCE AND COUNSELING

김명숙 저

생활지도와 상담

dm 동문사

머리말

과거 생활지도와 상담은 학생들이 교내외에서 지켜야 할 도덕과 규율에서 벗어나는 행동이나 태도를 보일 경우 교사들이 이를 훈육하거나 체벌을 가하고 관련 사건을 처리하는 일련의 행위를 일컫는 것이었다. 가정에서는 그 역할을 부모가 가정교육을 통해 수행하여 왔다.

그러나 오늘날에는 맞벌이 부부가 현저하게 증가하고, 가정에서 부모가 아이들과 함께 지내는 시간이 턱없이 부족해지고 있다. 따라서 부모가 아이들의 생활지도나 정서적 문제에 개입할 수 있는 시간적 여유가 없다. 이런 변화 때문에 맞벌이 부모들 가운데는 영유아기 아동들의 생활지도와 상담을 어린이집과 유치원에 의존하려는 경향이 높아지고 있다. 그래서 생활지도와 상담자로서 유아교육기관의 교사들의 역할이 더욱 중요해지고 있다. 또한 그 역할을 제대로 수행하기 위해서 교사들이 생활지도와 상담에 대한 이론과 실제를 더 깊이 공부해야 할 필요성도 제기되고 있다.

생활지도와 상담은 학습자의 건전한 적응과 발달을 도와주고 스스로 문제를 해결하며, 새로운 상황에 적응할 수 있는 능력을 길러주기 위한 교과목이다. 또한 전인적인 발달을 도모하고 문제를 예방하며, 미래에 대한 준비를 할 수 있게 도와줌으로써 심리적·사회적 장면에서 한 개인의 잠재능력을 최대한 발휘할 수 있도록 하는 교육적인 활동이다.

생활지도와 상담을 공부하는 학생들은 유아의 생활지도뿐 아니라 심리·정서적인 문제까지 다룰 수 있는 능력을 길러야 한다. 이 책은 유아의 문제행동을 다룰 수 있고 교사로서의 성장을 돕기 위해 상담이론을 심도있게 다루었다. 유아의 생활지도와 상담을 위해서는 전문적인 상담이론이 반드시 필요하기 때문이다. 전문적인 상담이론과 기법을 완전히 습득하면 현장교육과 실제에 쉽게 적용할 수 있을 것이다.

이 책은 모두 3부, 13장으로 구성되었다. 제1부에서는 생활지도와 상담의 이해를 다루었다. 제1장 생활지도의 기초에서는 누리과정의 유아생활지도

영역을 살펴보았다. 제2장 상담의 기초에서는 상담의 개념과 상담과정 및 기법을 설명하였다. 제3장 심리검사에서는 유아대상 심리검사의 종류와 활용법에 대해 소개하였다. 제2부에서는 현장에서 주로 사용되는 정신분석상담, 행동주의상담 등 7개의 주요 상담이론에 대하여 논하였다. 영유아기는 한 개인의 인격형성에 중요한 토대가 되는 시기이다. 각 이론을 통해 이 시기 주요 타자와의 관계에서 비롯되는 심리적 과정 이후의 영향 등에 대해 고찰해 볼 것이다. 각각의 장은 각 이론이 취하는 인간에 대한 관점과 주요 개념을 다루었다. 그리고 심리적 증상의 형성과정이 어떻게 진행이 되어 문제행동을 유발하는지 살펴보고, 그 심리적 증상을 다루기 위한 상담의 과정과 상담기법 순으로 설명하였다. 제3부에서는 제2부에서 학습한 상담이론을 실제 유아 문제행동에 어떻게 적용해야 하는지, 즉 유아생활지도와 상담의 실제에 대하여 논하였다. 제12장 유아 문제행동의 이해에서는 문제행동의 판단 기준과 문제행동의 유형, 효과적인 대화방법 등을 설명하였다. 제13장 유아 문제행동의 원인과 생활지도 및 상담의 실제에서는 유아 문제행동의 일반적인 원인과 유아 자신과 관련된 문제, 친구와의 문제 그리고 수업활동과 관련된 문제행동에 대처하는 실제 생활지도법과 상담방법을 다루었다.

그동안 유아교사를 위한 생활지도와 상담 교재들이 유아의 생활지도에만 국한되거나 상담이론에만 치중되어 있는 아쉬움이 있었다. 저자는 그런 문제점을 보완하고 유아 문제행동에 효과적으로 대처할 수 있는 교재를 만들기 위해 그동안 교단에서 강의한 내용들을 정리, 보강하여 이 책을 저술하였다. 따라서 이 책이 앞으로 교사가 될 학생들은 물론 자녀를 둔 부모들이 유아의 문제행동을 파악하고 행동 수정을 위해 실제 상황에 적용하기 위한 좋은 지침서가 되기를 기대한다.

끝으로 이 책의 출판을 위해 도움을 주신 동문사 이중수 사장님과 모든 직원 여러분들에게 무한한 감사를 드린다.

2020년 1월
은곡재에서
김명숙

차 례

PART

I

생활지도와 상담의 이해

Chapter 01

생활지도의 기초

1. 생활지도의 개념
2. 생활지도, 상담, 심리치료(정신치료)의 차이
3. 유아생활지도의 필요성
4. 유아생활지도의 기본 원리
5. 유아생활지도의 목표
6. 유아생활지도의 영역

제1장

생활지도의 기초

1 생활지도의 개념

생활지도는 영어의 'guidance'를 우리말로 번역한 것이다. 'guidance'는 '이끈다', '안내하다'라는 동사의 'guide'로부터 온 것으로 '안내, 지도, 감독, 관리 등의 뜻을 내포하고 있다. 생활지도(guidance)라는 말이 쓰이게 된 기원은 1908년 미국 보스턴 시 직업국장을 맡았던 프랭크 파슨스(Frank Parsons)가 직업지도(vocational guidance)라는 말을 사용하면서부터 쓰이기 시작하였다. 직업지도는 당시 산업의 발달로 인해 전문적인 기술자들이 필요했고 청소년들에게 직업의 기회를 제공하기 위해 생겨났다. 그 후 보스턴교육위원회에서 직업정보과를 두고 활동을 함으로써 차츰 학교교육에 포함되기 시작하였다.

직업지도가 생활지도로 된 변천과정을 살펴보면 다음과 같다.

1920년대는 직업지도 운동이 미국 전역으로 확산되고 그 효율성과 전문성에 관심을 가지기 시작하면서 장래의 직업선택을 위한 지도에서 생활지도로서의 교육에 보다 더 비중을 두게 되었다.

1930년대 미국연방정부는 국가교육자문위원회를 운영하여 직업정보의 제공과 산업인력의 석설한 직장 배치를 강화한 형태로 생활지도 활동이 전개되었다. 1940년대는 정신위생에 관한 관심이 크게 확대되었고, 칼로저스의 「상담과 심리치료」(1942)가 학교에서의 생활지도에 중요한 영향을 미치기 시작했다. 그리고 제1차 세계대전을 겪으면서 심리측정의 필요성이 요구되어 심리측정 운동이 일어나고 인간의 속성을 객관적이며 공평한 방법으로 측정하게 되었다. 이후 표준화 검사의 성장과 발달이 생활지도 운동의 중요한 자료로 간주되었다.

1960년대는 생활지도의 급성장기로 제2차 세계대전 이후의 공포, 불만, 불확실, 폭력 등의 요소들이 많은 사회문제를 야기시켜서 이에 따른 연방정부의 재정적 지원이 생활지도의 발달에 큰 영향을 미치게 되었다.

1970년대에는 생활지도와 상담을 대표하는 기구가 미연방정부의 교육부 내에 설립되었다. 베트남전에 참전했던 병사들이 원호병원에서 상담을 받게 되었으며, 이 병원에서 근무하는 상담심리학자들로 하여금 1980년 말까지 상담심리자격증을 취득하도록 하였다. 이 시기에 상담자들의 자격인정, 면허문제 등에 관심을 갖게 되었고, 각 대학의 상담자 양성과정에 대한 자격기준도 강화되었으며, 진로교육의 상담자 역할에 대한 관심이 고조되었다.

이처럼 미국에서의 생활지도 변천과정은 청소년들을 위한 직업지도에서 시작되었지만, 현재는 영역과 대상이 확대되어 청소년뿐만 아니라 유아, 아동, 대학생까지 학습지도와 함께 전인적 발달을 도모하는 교육적 활동의 하나로 자리 잡게 되었다.

우리나라의 생활지도 변천사를 살펴보면 1945년 일제로부터 광복이 되고 미군정 시대 말까지를 현대적 의미에서 학교상담의 도입기라 볼 수 있다. 이 시기에 듀이의 진보주의에 영향을 받은 아동중심교육사상이 유입되었고, 칼 로저스의 비지시적 상담방법이 소개되었으며, 과학적인 심리검사 방법이 도입되었다. 1950년 후반부터 1970년 후반까지 약 20여 년간 각종 검사가 표준화되고, 비지시적 상담이론에 대한 교육계의 관심이 지속적으로 고조되었다. 1960년대에 들어서면서 전문적인 상담과 체계적인 생활지도활동의 정착을 위한 노력이 대학의 전문가들과 중·고등학교의 일부 교도교사들로부터 일기 시작했다. 1980년부터 오늘에 이르기까지 생활지도와 상담에 대한 국민의 인식과 관심의 증가로 상담관련 학회가 속속 창립되었고 전문상담자의 수가 급증하였다. 이 시기에 생활지도와 상담을 담당하는 상담교사의 수요가 급증하게 되면서 전문 상담교사 양성제도가 시행되었다.

오늘날 생활지도는 교육활동의 모든 영역을 포함하고 있다. 예를 들어, 학생들의 효율적인 학업성취를 위한 학업지도(educational guidance), 졸업 후의 진로준비를 위한 직업지도(vocational guidance), 건강과 신체적 활동을 위한 건강지도(health guidance), 여가를 가치있게 보내게 하기 위한 여가선용지도(guidance for leisure time), 학생들의 인격적 성숙을 도와주기 위한 인성지도(personality guidance) 등이 포함된다. 이처럼 생활지도는 학교 내외의 모든 교육적 활동과 생활과정 전반에 걸친 지도를 포함하고 있다.

생활지도의 개념은 넓은 의미의 생활지도와 좁은 의미의 생활지도로 나누어 볼 수 있다. 넓은 의미의 생활지도는 학생지도활동의 전반적인 것을 의미한다. 즉, 학교교육에서 인지적 영역뿐만 아니라 정의적 영역, 신체적 영역, 직업 및 진로가 포함되고 민주시민으로서 갖춰야 할 태도 함양이 포함된다. 좁은 의미의 생활지도는 학습자가 가지고 있는 여러 문제를 정확히 이해하고 이를 해결할 수 있도록 조력하거나 스스로 해결할 수 있도록 안내하는 것이다. 또한 학습자를 이해하기 위한 심리검사가 활용되기도 하고, 전문적인 상담교사로서의 자질을 필요로 하기도 한다.

오늘날 교육에 있어서 가정과 학교가 구분이 없고, 학부모와 사회에서조차도 학생들의 생활지도는 학교의 역할이라고 생각하고 있다. 따라서 학교현장에서 일어나는 문제뿐만 아니라 한 개인의 내면적인 문제도 생활지도를 통해 해결되기를 요구하고 있다. 따라서 생활지도는 넓은 의미와 좁은 의미의 개념을 모두 포괄하는 것으로 보아야 할 것이다.

그리고 초중등 학생들의 생활지도뿐만 아니라 유아를 대상으로 하는 생활지도도 중요하게 다루어져야 한다. 유아생활지도는 유아교육기관뿐만 아니라 가정이나 지역사회에서 이루어지는 일상적인 생활을 통한 모든 경험들을 포함한다. 그러나 유아는 지적·정서적·신체적·사회적으로 미성숙하고, 발달과정에 있으므로 생활 속에서 부딪히게 되는 문제나 위기를 스스로 해결해 나가기가 쉽지 않다. 따라서 유아들을 위한 생활지도를 위해서는 부모나 교사가 아동에게 이해될 수 있는 행동이나 기대를 설정하고, 발달적으로 적합한 활동을 통해 스스로 의미를 구성해 나가도록 촉진하며, 아동이 자신에 대해 긍정적인 자아감을 형성하도록 돕는 역할을 해주어야 한다(Gatrell, 1994: Marion, 1991). 그렇게 해주었을 때 유아는 스스로 무엇인가를 해낼 수 있는 자율적이고 자주적인 생활습관을 형성하고, 자기를 둘러싸고 있는 환경과 원만한 관계를 맺을 수 있는 능력을 키워 나가게 된다.

2 생활지도, 상담, 심리치료(정신치료)의 차이

생활지도(guidance)와 유사한 개념으로 상담과 심리치료가 있다. 생활지도는 앞에서 살펴본 바와 같이 안내하고, 이끌어 주고, 밀어주어 개개인이 합리적이고 효율적인 의사결정을 할 수 있도록 조력하는 과정으로서 교육적 성과를 거둘 수 있도록 하는 것을 의미한다. 즉, 생활지도는 학교의 교육적 장면에서 학생들이 교내·외에서 당면하는 적응 및 발달상의 문제를 조력하기 위해 실시되는 교육적, 사회적, 직업적 차원의 계획적인 지도활동을 말하며, 부적응의 문제를 해결하거나 성장, 발달을 목적으로 한다.

상담(counseling)은 전문적 훈련을 받은 상담자와 심리적 어려움으로 인해 타고난 잠재력을 마음껏 발휘하지 못하는 내담자 간의 상호작용을 통하여 내담자의 문제를 해결할 뿐만 아니라 내담자가 행복한 삶을 살아가도록 돕는 과정이다(천성문 외, 2017). 상담은 정상인을 대상으로 정서, 행동양식, 대인관계와 같은 일상의 문제를 다룬다. 개인의 고유한 특성을 최대한 발달시키려 하며 개인의 내면세계에 더 초점을 맞춘다. 환경에 더 잘 적응하고 나아가 잠재적 능력을 최대한 발휘할 수 있는 힘을 북돋우는 것이 목적이다.

심리치료(정신치료)는 질병 모형에 근거하며 기본적으로 의학에 근거를 둔 접근이다. 의학에 근거하고 있기 때문에 증상, 원인, 치료방법, 진단방법이 정교하며, 질병을 퇴치하고 정신적으로 건강해지면 그 목적이 달성된다. 정신치료는 질병요소의 제거에 치중하기 때문에 심층적이고 중핵적 원인을 찾아 근본적인 원인 제거에 초점을 두는 경향이 있다. 주로 병원 장면에서 환자를 대상으로 무의식적 동기와 증상을 다루는 심층적, 분석적인 문제해결과 자각, 통찰에 초점을 두고 성격을 재구성하거나 심층 분석적 문제를 해결하기 위해 정신과 의사나 치료자가 개입하여 정신건강을 찾을 수 있도록 하는 과정이다.

결론적으로 생활지도는 전체 학생을 대상으로 일상의 전반적인 문제에 관심을 갖는 학교 장면에서 사용되고 있으며, 상담은 상담자가 교육적·상황적 문제를 해결하기 위해 일반적으로 보통의 정상인들을 대상으로 하며 부적응이나 정서적 어려움으로 인해 일상생활에 지장을 초래하는 내담자의 자아를 잘 발달할 수 있도록 조력하는 것이다. 심리치료 또는 정신치료는 환자를 주된 대상으로 심층 분석적인 문제해결과 무의식적 동기의 통찰에 중점을 두고 있다는 데 차이가 있다. 이 세 영역은 누가 어떤 대상을 어떤 방법으로 어느 정도까지 접근하는가에 따라서 영역을 구분하고 있고, 각자의 영역을 인정하고 있다. 하지만 많은 부분들이 중첩되고 있는 것이 사실이다. 실제 현장에서는 교사가 상담을 하기도 하고 상담자가 심리치료를 행하기도 한다. 따라서 다루는 영역, 접근 방법에 따라 유연하게 구분할 필요가 있다. 다만 이 모든 영역에서 교사나 상담자, 정신과 의사 모두 심리학과 상담이론에 대한 전문성을 반드시 확보해야 할 것이다.

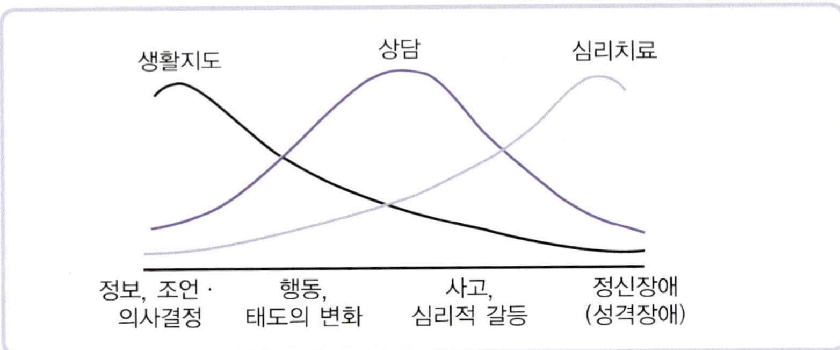

출처: 이장호(1995). 상담심리학

3 유아생활지도의 필요성

프로이트 이후 심리학의 많은 이론가들은 어린 시절의 경험이 한 개인의 성격, 태도, 행동, 사고에 결정적 영향을 미친다고 하였다. 우리나라 속담에도 '세살 버릇 여든까지 간다'고 하였듯이 동서양을 막론하고 유아기 때의 몸에 밴 버릇은 나이가 들어도 고쳐지기 힘들기 때문에 어렸을 때 좋은 습관을 길러주어야 함을 강조하고 있다.

출생 후 가정이라고 하는 작은 사회 속에서만 생활하던 유아는 유아교육기관의 새로운 환경에 놓여지게 되면서 집단 속에서 겪어야만 하는 여러 적응상의 문제들에 직면하게 된다. 이때 교사와 부모는 유아가 잘 적응하고 성장, 발달할 수 있도록 도와주어야 한다. 특히 여성들의 사회 진출이 많아지면서 자녀의 양육 및 보육을 유아교육기관이 도맡아 하게 되었기 때문에 생활지도는 그 어느 때보다 요구되고 있으며, 중요성을 강조하고 있다. 이처럼 생활지도의 필요성은 사회적인 측면에서도 요구되고 있고 개인적 측면에서도 필요한 영역이다.

1) 사회적 측면

첫째, 가족구조 및 기능의 변화

현대의 가족형태는 부모-자녀가정, 자녀-한부모가정, 조손가정, 다문화가정, 재혼가정 등 다양한 가족 형태를 보이고 있다. 전통적 대가족 제도에서는 달리 가르치지 않았어도 가족 간의 상호작용 속에서 모방을 통해 자연스럽게 생활지도가 이루어졌다. 그러나 가족구조의 다양성과 바쁜 현대사회의 삶속에서 바쁜 부모와 외동이나 적은 형제 속에서 성장하다보니 모방이나 체험을 통해서 학습할 좋은 기회를 박탈당하는 시대가 되어 버렸다. 가정은 정서 지지의 장이며 교육과 교정의 기능을 하는 곳이다. 그러나 그런 기능을 가정이 담당해 내지 못하고 있다. 따라서 가정에서 충족되어야 할 사랑과 애정, 예절교육 등 사회적, 교육적 기능을 유아교육기관이 대신 떠 안아야 한다. 그렇기 때문에 유아교육기관에서 생활지도의 필요성이 더 요구되고 있다.

둘째, 인구절벽 현상으로 인한 인성교육의 부재

통계청 자료에 의하면 1980년 1,440만 명이던 한국의 학령인구가 2018년 신생아수는 30만 명 수준으로 급감한 것으로 나타났다. 가임기 여성들이 아이를 하나만 낳거나 아예 낳기를 거부하는 딩크족 등으로 인한 인구절벽은 사회적, 경제적으로 심각한 수준의 문제들이 예상되고 있다. 각 가정마다 아이를 1명만 낳다보니 아이 1명에 대해 부모, 조부모, 외조부모의 관심과 사랑을 온몸으로 받게 되고 떠받들어 키워지고 있다. 자기 아이를 최고로 키우려 하는 부모와 자기에게 모든 것이 집중되어 자라는 아동의 문제는 자기중심적인 태도와 타인 배려의 부족, 욕구지연의 어려움 등이 예견된다. 이런 아이들이 집단생활을 해야 하는 교육기관에서 유아들 간의 문제, 교사와 유아의 문제, 학부모에 대한 대처 방법 등을 다루려면 인간에 대한 심층적인 이해와 상담과 생활지도를 할 수 있는 전문성이 요구된다. 이처럼 자기중심적 태도와 타인 배려 부족 문제, 학부모 문제를 다루기 위한 생활지도는 반드시 필요하다고 하겠다.

셋째, 맞벌이 부부의 증가

통계청(2019)의 자료에 따르면 2019년 6월 기준 우리나라의 만 15세 이상 여성의 경제활동 참가비율을 보면 여성의 경제활동 참가비율은 54.4%에 이른다. 이처럼 여성의 경제활동이 증가하고 취업모의 비율이 높아지면서 이들 취업모들은 직장과 가정에서 요구하는 역할을 동시에 수행해야 한다는데 많은 부담을 가지고 있다. 특히 취업모의 경우 자녀에 대한 가정 내에서 일상적인 생활지도의 부족으로 불안감을 가질 수밖에 없다. 설사 조부모가 존재한다 하더라도 50~60대 여성들의 경제활동 비율도 함께 높아지고 있는 실정이어서 조부모에게 양육지원을 요구하는데도 한계가 있다. 따라서 가정보다는 유치원이나 학교에서 생활태도 및 습관들이기 훈련 등 사회적·교육적 기능을 담당해야 하므로 생활지도에 대한 필요성이 증대되고 있다.

넷째, 유아교육기관에서 보내는 시간의 증가

사회의 변화와 가족구조 및 기능의 변화로 핵가족은 물론 가족의 형태가 다양해지고 여성의 사회진출이 급격하게 증가하면서 자녀를 양육하고 가르치는 일을 더 이상 부모만의 책임으로 둘 수는 없는 실정이다. 또한 직업을 가진 부모나 전업주부의 부모 모두 과거의 부모들보다 훨씬 더 아이 키우는 부담을 가지고 있다. 대가족제도 하에서는 비형식적으로 이어졌던 양육방법이나 양육기술 등이 부모세대에 의해 지원이 되었지만, 핵가족화된 현대사회에서는 유아교육기관이 기본적인 생활습관이나 인지교육을 더 체계적으로 시켜줄 것이라 여긴다. 이러한 부모들의 생각으로 유아교육기관에서 도움 받기를 원한다. 특히 맞벌이 부부의 경우, 조부모나 친인척의 도움을 받지 못하게 되면 영아기부터 종일반에 보내는 경우가 많아지면서 기관에서 보내는 시간이 증가하게 되고, 유아교육기관에서의 생활지도는 필수적인 요소가 될 수밖에 없다.

다섯째, 다문화가정의 자녀의 증가

현대사회의 세계화로 인해 다문화가정의 수는 지속적으로 늘어나는 추세이다. 2018년 11월 교육통계서비스(2018)에 따르면 다문화가정의 자녀수가 122,212명으로 나타났다. 다문화가정의 자녀들은 언어미숙으로 인한 의사소통 문제, 문화 차이에 따른 개인 부적응 문제, 피부색과 문화적 배경 등으로 소외당하거나 무시 당할 가능성이 높다. 사회심리적 문제들이 많아지고 집단생활에 적응하지 못하는 상황이 지속이 되면 훗날 사회 부적응 문제로 이어질 수 있어서 절대적인 관심과 도움이 필요하다. 따라서 다문화가정의 자녀들이 교육기관에서 불편함이 없도록 배려하고, 함께 살아가야 한다는 것을 생활지도 내용에 포함되어야 한다.

2) 개인적 측면

첫째, 성격형성의 토대

0~만 5세까지의 영유아기는 성격, 태도, 행동, 정서 등을 형성하는 중요한 시기이다. 프로이트는 이 시기에 부모 자녀와의 상호작용이 한 개

인의 성격을 결정짓는다고 하였다. 대상관계이론에서도 어린 시절에 중요한 타자(significant other), 즉 주 양육자와의 관계를 통해 자신과 세상, 타인과의 관계에 대해 알게 되면서 이후 대인관계 패턴으로 이어진다고 하였다. 에릭슨(Erikson)은 자아발달 8단계설에서 생애 초기에 기본적인 신뢰감 형성에 실패하게 되면 이후의 발달 단계에도 영향을 끼친다고 하였다. 이후 애들러, 칼 로저스 등 많은 심리학자들이 유아기가 인격 형성의 기초를 이루는 중요한 시기라고 하였다. 따라서 영유아기에 올바른 생활지도를 통해 건강한 인격체로 성장할 수 있는 발판을 마련할 수 있도록 지원해야 한다. 유아교육기관에서 교사가 부모와 함께 주 양육자 역할을 병행한다면 유아의 애착형성과 성격형성에 큰 도움이 될 것이다.

둘째, 기본생활습관의 형성

기본적인 생활습관이란 인간이 살아가는 데 필요한 생활 전반의 지식과 기술 등을 포함한 행동 양식을 익혀 습관화하는 것을 의미한다. 영유아기는 스스로 해야 하는 것들을 배우고 해낼 수 있어야 한다. 일상적인 생활습관으로 스스로 먹을 수 있고, 입을 수 있어야 하며, 씻을 수 있고, 배변할 수 있도록 가르쳐야 한다. 또한 절제와 질서, 예절 등을 포함하여 사회의 구성원으로 성장해 가야 한다. 기본생활습관의 올바른 형성은 유아가 스스로 자신을 관리할 수 있다는 것 이외에 자신이 속한 사회에서 바람직하게 여기는 태도를 익히는 것이므로 다른 사람들과 어울려 사회에 적응하여 살아가는 데 큰 영향을 미친다. 어릴 때부터 각 가정에서 이루어지는 일상생활습관교육과 유아교육기관과의 일관성이 있을 때 그 결과는 더욱 효과적일 것이다.

셋째, 민주시민으로서의 기초 확립

유아기는 인지·사회 영역 등의 기초 능력이 집중적으로 형성되는 시기이다. 또한 가정을 벗어나 친구, 교사, 이웃 등 타인과의 사회적 관계가 확장되는 시기이다. 이에 사회구성원으로서 정직, 배려, 예의, 공감, 공공규칙 등 사회적 능력과 기술을 습득해야만 한다. 다시 말해 더불어 살아가는 올바른 민주시민의 태도를 함양해야 한다는 것이다. 따라서 사회가 지향하는 가치와 미덕을 유아기부터 자연스럽게 익히고 실천해야 한다. 가족뿐 아니라 친구와 사이좋게 지내고, 유치원 등의 공동체에서 적응을 잘 하며, 사회적 규범과 가치를 알고 지켜야 하는 것은 그들이 성인이 된 후에 마주하게 되는 사회이기 때문이다. 따라서 유아들의 일상생활에서 이루어지는 생활지도를 통해 민주사회에 적합한 구성원으로서의 자질을 함양할 필요가 있다.

4 유아생활지도의 기본 원리

유아를 위한 생활지도의 궁극적인 목표는 기본적인 생활습관을 들여서 스스로 해낼 수 있도록 도와주는 것이며, 민주시민으로서의 사회 적응력을 높이기 위한 것이다. 보통 생활지도를 유아의 문제행동이나 특수한 행동에 초점을 맞추는 것으로 여기는 경우가 있으나, 그것은 상담영역에서 다루어야 하는 부분이다. 유아의 생활지도는 단기적인 처방이라기보다는 장기적인 측면에서 길러지고 습관을 들이도록 지도하는 것이다. 유아생활지도의 기본 원리는 다음과 같다.

첫째, 유아생활지도는 모든 유아를 대상으로 한다.

둘째, 유아생활지도는 모든 유아를 하나의 인격체로 존중한다.

셋째, 유아생활지도는 치료나 교정보다는 예방에 역점을 두어야 한다.

넷째, 유아생활지도는 유아의 발날 수순을 고려해야 한다.

다섯째, 유아생활지도는 과학적인 접근 방법에 기초해야 한다.
여섯째, 유아생활지도는 지속적으로 이루어져야 한다.
일곱째, 유아생활지도는 구체적이고 뚜렷한 목표를 설정해야 한다.
여덟째, 유아생활지도는 전인적인 발달이 이루어지도록 한다.

5 유아생활지도의 목표

유아생활지도의 목표는 단기적인 측면과 장기적인 측면으로 살펴볼 수 있다. 단기적인 측면은 유아들이 일상생활에서 배워나가야 할 것들로 기본적인 생활습관과 예의범절, 규칙을 잘 따르도록 하고, 자기 주변의 환경과 적절한 관계를 맺도록 도와주는 것이다. 그러면서 장기적으로는 올바른 인성교육을 위해 전인적 성장에 초점을 맞추어야 하는 것을 목표로 한다. 유아생활지도의 장기적 목표를 필즈와 뵈세르(Fields & Boesser, 1994)는 다음과 같이 설정하였다.

첫째, 긍정적인 자아감을 갖고 성장하도록 돕는 것이다.

인본주의 심리학자 칼 로저스는 무조건적인 긍정적 존중을 받게 되면 유아는 자기존중감을 내면화시키게 된다고 하였다. 자기존중감은 자신에 대한 가치, 자신의 능력, 자신의 영향력의 3요소에 의해 결정이 된다. 이는 자신뿐 아니라 타인으로부터 가치를 인정받고, 존중받으며, 자신이 상황을 조절할 수 있도록 허용될 때 키워지게 된다. 특히 긍정적인 자아감은 타인으로부터 아동이 존중받고, 자신의 일에 대한 보상이 아니라 정당하게 평가받는 것에 강화가 되므로 아동이 어떻게 취급받느냐는 중요하다. 또한 유아가 작은 것이라도 성취를 했을 때 긍정적인 피드백을 주고 부모나 교사는 유아의 존재 자체만으로도 기쁘고 사랑스럽다는 마음으로 대해주어야 한다. 특히 꾸중과 비난, 창피를 주는 것 또는 손상적인 의사소통 방식은 아동에게 부정적 자아감을 형성하게 하는 대표적인 방법이라고 하겠다.

둘째, 자기통제력(self-control)을 갖고 성장하도록 돕는 것이다.

자기통제력은 원하는 결과를 얻기 위해 외부로부터의 지시나 통제가 없는 상황에서 자발적으로 인지, 정서, 행동 등을 조절하는 것을 의미한다. 자기통제력은 태어날 때부터 가지고 태어나는 것은 아니다. 프로이트는 심리성적발달단계의 항문기(1~3세) 때 대소변 가리기 훈련을 통해 자기통제 및 관리능력을 획득한다고 하였다. 이처럼 영아는 처음에 외적인 통제에 의해 행동하다가 2세경부터 점차 내적으로 통제할 수 있는 자기통제력이 나타나기 시작하여 수년에 걸쳐서 획득된다.

1960년대 월터 미셸(WalterMischel)은 마시멜로 실험을 통해 3~5세 유아들의 자기통제력 형성 여부가 이후 학업성취도 및 대인관계능력과 연관이 있다고 하였다. 이후의 후속 연구에서도 유아들의 자기통제력은 부모의 사회경제적 지위와 연관이 있는 것으로 나타났다. 결국 부모나 교사가 이러한 요인들의 이해를 기초로 모든 유아가 자기통제력을 갖고 성장하도록 도와야 한다.

셋째, 도덕적 자율성을 가지도록 한다.

도덕적 자율성은 벌칙이나 보상체계와는 상관없이 다른 사람의 관점을 고려하여 스스로 도덕적 판단과 결정을 내리는 능력을 의미한다(Kamii, 1985). 프로이트는 성격이론에서 원초아, 자아, 초자아 중 초자아가 가장 마지막에 발달되는데, 초자아는 유아가 고통과 처벌을 받지 않기 위해 부모가 옳지 않다고 하는 것을 기피하고 주 양육자가 가지고 있는 사회적 가치를 내면화시키면서 양심과 도덕률을 가지게 된다고 하였다. 콜버그는 도덕성도 6단계가 있어서 각각의 단계를 거쳐 높은 도덕 수준까지 끌어 올려야 한다고 주장하고 있다. 결국 도덕적 자율성을 키우려면 부모와 교사의 역할모델이 중요하고 생활지도를 통해 도덕률을 가르쳐야 한다.

이외에도 유아의 잠재능력을 계발하여 문제해결능력을 신장시켜 주도록 해야 하며, 유아가 자신감과 책임감을 가지고 함께 더불어 살아갈 수 있는 공동체 의식을 심어주는 것이 필요하다.

이와 같이 단기적으로는 기본적인 생활습관을 길러주고 장기적으로 심리내적인 정신적인 힘을 키워서 전인적인 인간으로 나아갈 수 있도록 도와주는 것이 생활지도의 목표이다.

6 유아생활지도의 영역

영유아가 독립된 생활을 할 수 있도록 양육하고 교육하는 것은 가정과 사회, 국가의 책임이다. 앞에서도 설명하였듯이 교육을 통해 그 사회의 시민으로 살아갈 수 있도록 도와주어야 한다. 2013년도에 국가적인 차원에서 영유아를 위한 교육과정이 마련되어 실시되고 있으며, 부모나 교사가 아이들을 키우는 데 지침이 되고 있다. 2019년도에 3~5세 누리과정이 개정되어 2020년도 3월부터 시행이 되고, 누리과정의 개정에 따라 표준보육과정도 뒤이어 개정되었다. 표준보육과정은 2020년 9월부터 시행되었다. 그중 영유아의 생활지도 영역의 교육과정에 대해 살펴보도록 한다. 영유아의 생활지도 영역은 기본적인 생활습관지도와 집단생활지도로 나뉘어 있다. 0~2세의 표준보육과정과 3~5세의 누리과정 생활지도내용은 다음과 같다.

1) 0~2세 표준보육과정

보육과정의 내용은 기본생활, 신체운동, 사회관계, 의사소통, 자연탐구, 예술경험 등 6개 영역으로 구성되어 있다. 이 중 생활지도영역은 기본생활영역과 사회관계영역이 해당된다. 기본생활영역은 '건강하게 생활하기', '안전하게 생활하기'로 유아의 기본생활습관 형성에 관한 내용이 포함되어 있으며 사회관계영역은 '나를 알고 존중하기', '더불어 생활하기'로 집단생활이나 사회성 및 정서와 관련된 내용이 포함되어 있다.

표 1-1 만 0~1세 표준보육과정의 생활지도 내용

생활영역	내용범주	내용
기본생활영역	건강하게 생활하기	• 도움을 받아 몸을 깨끗이 한다. • 음식을 즐겁게 먹는다. • 하루 일과를 편안하게 경험한다. • 배변 의사를 표현한다.
	안전하게 생활하기	• 안전한 상황에서 놀이하고 생활한다. • 안전한 상황에서 교통수단을 이용해 본다. • 위험하다는 말에 주의한다.
사회관계영역	나를 알고 존중하기	• 나를 인식한다. • 나의 욕구와 감정을 나타낸다. • 나와 친숙한 것을 안다.
	더불어 생활하기	• 안정적인 애착을 형성한다. • 또래에게 관심을 가진다. • 다른 사람의 감정과 행동에 관심을 가진다. • 반에서 편안하게 지낸다.

표 1-2 만 2세 표준보육과정의 생활지도 내용

생활영역	내용범주	내용
기본생활영역	건강하게 생활하기	• 자신의 몸을 깨끗이 해 본다. • 음식에 관심을 가지고 즐겁게 먹는다. • 하루 일과를 즐겁게 경험한다. • 건강한 배변 습관을 갖는다.
	안전하게 생활하기	• 일상에서 안전하게 놀이하고 생활한다. • 교통수단을 안전하게 이용해 본다. • 위험한 상황에 대처하는 방법을 경험한다.
사회관계영역	나를 알고 존중하기	• 나와 다른 사람을 구별한다. • 나의 감정을 표현한다. • 내가 좋아하는 것을 한다.
	더불어 생활하기	• 가족에게 관심을 가진다. • 또래와 함께 놀이한다. • 다른 사람의 감정과 행동에 반응한다. • 반에서의 규칙과 약속을 알고 지킨다.

2) 3~5세 누리과정

3~5세 누리과정은 신체운동·건강, 의사소통, 사회관계, 예술경험, 자연탐구의 5개 영역으로 구성되어 있다. 생활지도와 관련된 내용은 신체운동·건강영역과 사회관계영역에서 다루고 있다. 신체운동·건강영역의 세부내용은 '신체활동 즐기기', '건강하게 생활하기', '안전하게 생활하기'의 내용으로 구성되어 있다.

사회관계영역의 세부내용은 '나를 알고 존중하기', '더불어 생활하기', '사회에 관심 가지기'로 개인생활, 집단생활, 사회생활과 관련된 내용을 다루고 있다.

표 1-3 만 3~5세 누리과정의 생활지도 관련 영역 및 내용

생활영역	내용범주	내용
신체 운동 · 건강영역	신체활동 즐기기	• 신체를 인식하고 움직인다.
		• 신체 움직임을 조절한다.
		• 기초적인 이동운동, 제자리 운동, 도구를 이용한 운동을 한다.
		• 실내외 신체활동에 자발적으로 참여한다.
	건강하게 생활하기	• 자신의 몸과 주변을 깨끗이 한다.
		• 몸에 좋은 음식에 관심을 가지고 바른 태도로 즐겁게 먹는다.
		• 하루 일과에서 적당한 휴식을 취한다.
		• 질병을 예방하는 방법을 알고 실천한다.
	안전하게 생활하기	• 일상에서 안전하게 놀이하고 생활한다.
		• TV, 컴퓨터, 스마트폰 등을 바르게 사용한다.
		• 교통안전 규칙을 지킨다.
		• 안전사고, 화재, 재난, 학대, 유괴 등에 대처하는 방법을 경험한다.
사회관계영역	나를 알고 존중하기	• 나를 알고 소중히 여긴다.
		• 나의 감정을 알고 상황에 맞게 표현한다.
		• 내가 할 수 있는 것을 스스로 한다.
	더불어 생활하기	• 가족의 의미를 알고 화목하게 지낸다.
		• 친구와 서로 도우며 사이좋게 지낸다.
		• 친구와의 갈등을 긍정적인 방법으로 해결한다.
		• 서로 다른 감정, 생각, 행동을 존중한다.
		• 친구와 어른께 예의 바르게 행동한다.
		• 약속과 규칙의 필요성을 알고 지킨다.
	사회에 관심 가지기	• 내가 살고 있는 곳에 대해 궁금한 것을 알아본다.
		• 우리나라에 대해 자부심을 가진다.
		• 다양한 문화에 관심을 가진다.

Chapter 02

상담의 기초

1. 상담의 개념
2. 상담관계
3. 상담의 목표
4. 상담과정
5. 상담의 기법

제2장

상담의 기초

1 상담의 개념

상담(相談)이란 서로 상(相), 이야기 하다의 담(談)으로, '서로 마주보고 이야기하다', '서로 의논하다'라는 뜻으로 사전에는 '문제를 해결하거나 궁금증을 풀기 위하여 서로 의논함'으로 정의되어 있다. 영어로는 'counseling'이라 하며 그 어원은 라틴어로 'counsulere'에서 유래되었다. 그 뜻은 '고려하다', '자문하다', '조문을 구하다', '조문을 받다' 등의 의미를 지니고 있다. 이러한 말뜻은 넓은 의미에서 상담을 대변해 주는 말이라고 할 수 있다.

의료상담, 법률상담, 부동산상담, 결혼상담, 취업상담 등 여러 전문적인 분야에서도 상담이라는 용어를 쓰고 있다. 이처럼 일상적인 용어로 쓰이는 상담은 주로 조언이나 자문을 하는 '면담'의 성격을 띠고 있다고 볼 수 있다.

여기에서의 상담은 인간의 전인적인 성장과 발달 및 변화의 영역을 다루는 '전문적 상담'을 말한다. '전문적 상담'이란 심리학과 상담이론에 대한 전문적인 지식을 쌓고, 수련기간 동안 엄격한 훈련을 받은 사람이 제공하는 것을 말한다. 전문적인 상담에 대한 정의는 인간을 보는 관점에 따라, 학자들마다 다양하게 정의내리고 있다.

로저스(Rogers, 1952)는 상담이란 "상담자와의 안전한 관계에서 내담자가 과거에 부정했던 경험을 다시 통합하여 새로운 자기로 변화하는 과정"이라고 하여 내면적인 심리를 변화시키는 것이 전문적인 상담의 핵심이라고 보았다. 타일러(Tyler, 1969)는 상담을 "개인적 발달의 방향으로 현명한 선택이 이루어지도록 촉진하는 것"으로 보고 생활과정에서 합리적 선택을 통해 개인적 발전이 일어나도록 도와주는 것을 강조하였다.

피에트로훼사 등(Pietrofesa et al., 1978)은 상담이란 "내담자의 자기이해, 의사결정 및 문제해결이 이루어지도록 상담자가 전문적으로 도와주는 과정"이라고 하여 내담자의 자기에 대한 이해를 통해 판단과 결정의 힘을 키우도록 도와주는 것이라고 보았다. 시저와 스톤(Shertzer & Stone)도 상담은 "자기와 환경에 대한 의미있는 이해를 촉진시키고, 장래 행동의 목표나 가치관을 확립해서 명료화하도록 하는 상호작용 과정"이라고 상담자와 내담자의 상호작용의 중요성을 강조하였다.

국내에서 이장호(1995)는 상담이란 "도움을 필요로 하는 사람이 전문적 훈련을 받은 사람과의 대면관계에서 생활과제의 해결과 사고, 행동 및 감정 측면의 인간적 성장을 위해 노력하는 학습과정"이라 하여 상담자의 전문성이 내담자를 성장시킬 수 있다고 보았다. 정원식 등(1999)은 상담이란 "개인적 문제를 해결하도록 할 뿐만 아니라 다른 문제가 제기될 때 이를 적극적으로 다루어 행복과 성공을 이루어 낼 수 있는 힘을 북돋아 주는 것"으로 보고, 상담에서의 경험을 일반화시키는 과정을 통해 한 개인이 성공적 삶을 살게 되는 것이라고 주장하였다. 박성수(2000)는 "상담은 내담자와 상담자 간에 수용적이고 구조화된 관계를 형성하고, 이 관계 속에서 내담자가 자기 자신과 환경에 대하여 의미 있는 이해를 증진하도록 함으로써, 내담자 스스로가 효율적으로 의사결정을 하고, 여러 심리적 특성을 긍정적 방향으로 변화시키도록 원조하여 결과적으로 내담자의 성장과 발전을 촉진하는 심리적 조력과정"이라고 보고 상담자와 내담자의 상담관계의 중요성을 강조하고 있다.

천성문 등(2015)은 상담이란 "전문적 훈련을 받은 상담자와 심리적 어려움으로 타고난 잠재력을 마음껏 발휘하지 못하는 내담자와의 상호작용을 통하여 내담자의 문제를 해결할 뿐만 아니라, 내담자가 행복한 삶을 살아가도록 돕는 과정"이라고 설명하면서 상담자의 전문성과 내담자의 잠재된 힘의 중요성을 강조하였다.

이상의 상담에 대한 여러 정의를 통해 주요 특징들을 살펴보면 다음과 같다.

첫째, 상담은 도움을 필요로 하는 내담자가 있어야 한다.

내담자는 발달문제, 현재 처해진 상황에서의 문제, 심리정서적 문제 등을 가지고 상담에 임한다. 내담자의 호소문제를 다루어 주는 것이 상담이기 때문에 내담자의 존재는 중요한 요소이다.

둘째, 상담은 전문적인 훈련을 받은 상담자에 의해 진행되어야 한다.

내담자에 대한 이해, 내담자 평가, 내담자 문제에 맞는 상담이론의 적용 등을 제공할 수 있는 전문적인 지식과 기술을 확보해야 한다.

셋째, 상담은 상담자와 내담자의 상호작용이 일어나야 한다.

상호작용은 내담자가 자신의 문제를 내놓고 상담자는 전문성을 가지고 내담자의 문제를 다루면서 서로 주고받는 대화의 과정이다. 내담자 혼자만 이야기해서도 안 되며 상담자는 듣기만 한다든가 가르치려 해서는 안 된다.

따라서 상담이란 어려움에 처한 내담자와 전문적인 수련을 받은 상담자와의 상호작용을 통해 내담자의 문제를 해결해 주기 위해 도와주는 과정이라고 정의내릴 수 있다.

2 상담관계

상담(相談)에서 상담을 해주는 사람을 상담자(相談者)라고 한다. 서로 상(相), 이야기 담(談), 사람 자(者)를 써서 '서로 이야기하는 사람' 또는 '상담을 해주는 사람'이라는 의미가 내포되어 있다. 그리고 상담을 받으러 오는 사람을 내담자(來談者)라고 한다. 내담자는 올 래(來), 이야기 담(談), 사람 자(者)를 써서 '이야기하러 오는 사람'을 의미한다. 상담관계는 상담자와 내담자가 상담을 하기 위해 맺는 하나의 인간관계이다. 상담관계를 어떻게 맺는가는 곧바로 상담의 성패로 이어지기 때문에 상담관계는 그만큼 중요하다.

1) 상담자

상담관계를 성공적으로 이끌기 위해 상담자는 인간적인 자질을 갖추어야 하며, 상담자로서 전문적인 자질도 요구된다. 또한 상담자로서 지켜야 할 윤리기준을 따라 행동해야 한다. 상담자가 갖추어야 할 것들에 대해 살펴보면 다음과 같다.

(1) 상담자의 인간적 자질

상담자는 우선적으로 사람에 대해 사랑하는 마음을 가져야 한다. 상담자는 사람을 저울질하거나 자신의 가치를 가지고 평가해서도 안 된다. 죄는 미워하되 사람을 미워해서는 안 된다는 속담이 있듯이 내담자가 문제를 겪고 있는 것은 내담자라고 하는 사람이다. 문제와 사람이 애초부터 분리되어 있지 않다는 것이다. 내담자를 이해하지 않고서 그가 겪는 문제의 의미와 성질을 제대로 이해하기 어렵다. 따라서 상담자는 내담자를 존중하고 배려하는 인간적 태도를 끊임없이 발휘할 수 있는 인간적 자질을 갖추어야 한다. 이장호 등(2005)은 상담자가 갖추어야 할 인간적 자질을 3가지로 설명했다.

첫째, 상담자는 자기에 대한 이해와 수용이 우선되어야 한다.

상담자 자신의 문제가 해결되지 않으면 그 문제가 내담자에게 투사되어 상담의 진행을 방해하기 때문이다.

둘째, 타인에 대한 열린 마음을 가져야 한다.

사람에 대한 관심과 다양성에 대한 인정, 타인의 불행과 아픔에 대해 공감하고 그들을 배려하려는 인간적 태도 또한 지녀야 할 것이다. 열린 마음이 없으면 내담자를 있는 그대로 보지 못하기 때문에 상담과는 거리가 멀어지게 된다.

셋째, 삶에 대한 진지함과 용기가 요구된다.

상담자 스스로 삶을 의미있고 진지하게 살아가야 한다. 거짓과 가면 뒤에 숨지 않고 있는 그대로 살도록 한다. 삶에서 부딪치는 고통과 좌절에 용기 있게 살아가야 한다. 왜냐하면 상담자는 자신의 삶 만큼 상담하기 때문이다. 상담자가 실천하지 않으면서 내담자에게 요구하는 것은 허위이다.

(2) 상담자의 전문적 자질

상담관계를 성공적으로 이끌려면 다음과 같은 상담자의 전문적 자질이 요구된다.

첫째, 상담자는 상담이론에 대해 깊고 해박한 지식을 갖추고 있어야 한다.

상담이론에 능통할 때에야 내담자가 가지고 오는 여러 문제들에 대해 적절한 상담을 제공할 수 있게 된다. 따라서 심리학적 지식과 다양한 상담이론을 습득하고 내담자의 문제에 맞게 활용할 수 있어야 한다.

둘째, 상담자는 다양한 상담방법과 기법에 대해 이해하고 훈련을 받아야 한다.

상담은 이론적 지식으로는 한계가 있다. 상담 실습을 위한 훈련, 사례모임 참석, 수퍼비전을 받아 상담능력을 갖춰야만 한다.

셋째, 지속적인 자기개발을 통해 상담의 발달을 꾀할 수 있어야 한다.

상담의 많은 이론들은 수많은 학자들의 연구와 실제에서의 경험들이 축적되어 온 것이다. 상담자는 끊임없는 노력과 자기성찰을 할 수 있어야 하고, 자신의 정신적 문제를 해결할 수 있어야 한다. 그리고 최근의 논문이나 상담의 이론 및 기법들을 공부하고 적용하여 자신의 상담 실력을 향상시킬 수 있어야 한다.

(3) 상담자의 윤리

장사하는 사람도 상도덕이 있듯이 상담도 상담자로서 지켜야 할 도덕률이 있다. 한국상담심리학회나 상담학회 모두 상담자로서 지켜야 할 윤리규정을 두고 상담자로서의 품위와 내담자 보호를 위해 윤리규정을 정해놓고 있다. 상담자의 윤리적 책임과 핵심적 문제들은 다음과 같다.

첫째, 비밀유지의 원칙을 지켜야 한다.

상담과정에서 알게 된 내담자의 정보에 대해 반드시 비밀을 지켜야 한다. 비밀누설로 인해 내담자가 피해를 입게 된다면 내담자는 그 누구도 믿지 못하는 사람이 될 수 있다. 어떠한 내용일지라도 내담자의 동의를 얻지 않고는 정보를 공개해서는 안 된다.

둘째, 이중관계를 맺어서는 안 된다.

이중관계란 상담자로서의 관계 이외에 다른 업무, 직책, 친인척 등의 관계로 얽혀있는 경우를 말한다. 이중관계를 피해야 하는 이유는 상담자로서 전문적 판단이나 객관성을 상실할 우려가 높기 때문이다. 상담회기 외에 만남이나 개인적 관계, 경제적 거래관계, 성관계 등도 이중관계에 해당된다.

셋째, 전문적 한계를 인정하는 것이다.

상담자는 자신의 한계점을 인정하고 자신이 할 수 있는 만큼만 하도록 한다. 감당할 수 없는 문제를 다루다 보면 상담의 진전도 없고 상담자와 내담자 모두에게 도움이 되지 못한다. 따라서 모든 대상과 모든 문제를 다 상담할 수 있을 것이라는 자만심이나 가상적인 자아상을 버려야 한다. 자신의 전문성을 넘어서는 내담자일 경우 다른 상담자에게 의뢰하거나 전문기관에 의뢰해야 할 것이다.

2) 내담자

내담자는 영어로 'client'라고 하는데 자발적으로 상담을 받게하기 위해 상담기관이나 상담자를 찾는 고객을 의미한다. 내담자는 자발적인 내담자와 비자발적인 내담자가 있다. 자발적으로 상담을 받으러 오는 내담자가 있는 반면에 부모나 교사, 군이나 법정, 직장 등의 상부기관이나 조직으로부터 의뢰된 비자발적인 내담자도 있다. 내담자는 삶의 여러 상황적 측면에서 사고, 정서, 행동상의 어려움으로 도움을 필요로 하는 사람이다. 우리 모두는 살아가면서 문제의 연속선상에서 살고 있기 때문에 사람들은 누구나가 내담자가 될 수 있다. 대체로 상담에 의뢰되는 내담자들의 문제 유형은 다음과 같다.

첫째, 정신건강상 정상의 범주에 속하지만 지속적으로 불편을 느끼는 경우가 있다. 예를 들어, 부끄러움이 많아 얼굴이 쉽게 빨개지는 것으로 상담실을 찾는 사람이 있다. 누구나 당연한 현상이지만 정작 본인은 고통스러워하는 경우에 해당된다.

둘째, 부정적인 정서나 생각으로 고통스러운 경우이다. 우울이나 불안, 부정적 사고, 비합리적 사고, 절대적 사고 등으로 고통을 겪고 있는 사람들이다.

셋째, 적응상의 문제로 학교나, 직장, 모임에서의 어려움을 겪는 경우이다.

넷째, 발달단계에서 발달과업을 성공적으로 이끌지 못하고 실패했거나 머물러 있는 경우이다.

다섯째, 단순히 현재의 고통을 완화할 방법을 찾기 위해서 상담실에 오기도 한다.

여섯째, 자신의 심리적 상태를 더 잘 이해하고 삶의 방향을 정하기 위해서 상담실을 찾는다.

상담실에 내방하는 내담자들은 이와 같은 문제들을 한 가지만 가지고 오는 경우도 있고, 복합적으로 얽혀있는 문제들을 가지고 오기도 한다. 이러한 자신의 문제들을 상담을 통해 긍정적인 변화를 기대하거나 문제해결의 도움을 받기 위해 상담자를 찾는다.

3) 상담관계

상담관계는 상담자와 내담자가 서로 신뢰하고 존중하면서 내담자의 문제를 해결하기 위해 상호협력적인 관계를 맺는 것을 말한다. 즉, 내담자는 상담을 이해하고 상담자를 신뢰하면서 상담에 참여해야 하고, 상담자는 자신의 전문성에 맞는 내담자를 받아들여 상담과정을 진행할 수 있어야 한다. 상담관계의 특징을 살펴보면 다음과 같다.

첫째, 상담관계는 내담자의 문제를 해결하기 위해 상담목표를 향한 작업관계이지 사교적 관계가 아니다. 상담목표가 도달하면 상담관계를 종결하는 것이 바람직하다.

둘째, 상담자와 내담자는 상담관계에서 각각의 역할이 있다. 상담자는 내담자의 상담목표에 도달할 수 있도록 전문적인 지원을 해야 하고, 내담자는 자신의 문제를 해결하기 위해 자기개방, 자기탐색 및 관찰, 새로운 시도 등을 실천해야 한다.

셋째, 상담 회기를 운영하고 내담자를 보호하는 것에 대해 일차적 책임은 상담자에게 있다. 상담 회기 중 상담에 방해가 되는 요소가 나타날 때 상담자는 이를 해결해서 효과적인 상담이 될 수 있도록 한다.

3 상담의 목표

상담목표를 정하지 않으면 내담자는 자신의 이야기를 나열하게 되고, 상담자는 내담자의 이야기를 따라가느라 내담자의 문제를 해결하지 못하게 된다. 따라서 상담자는 첫 면접 시에 내담자의 호소 문제를 경청하고 상담 초기에는 호소문제에 근거하여 상담목표를 정해야 한다. 내담자의 호소문제에 따라 상담 장면에서 다루어지는 상담의 목표는 대체로 다음과 같다.

1) 당면과제의 해결

내담자가 상담자에게 호소했던 주 호소문제를 해결하는 것이 상담의 가장 중요한 목표이다. 따라서 내담자가 처해있는 현실에서 당면한 문제들에 초점을 맞추어 목표를 정하도록 하고 현실적인 도움을 주어야 한다. 상담에서 심리적인 문제를 다루기도 하지만, 때로는 교육적인 방법이나 치료적인 방법을 제공할 수도 있다.

2) 심리적인 발달과 성장

상담을 통해 내담자는 인지, 정서, 행동을 탐색하고 자기성찰의 기회를 가지면서 자기이해의 폭이 넓어지고, 지금까지와는 다른 방식의 문제해결과정을 학습하게 된다. 다른 방식의 성공 경험은 또 다른 문제상황에 적용시킬 수 있는 새로운 능력을 발달시키게 되면서 심리적인 발달이 일어나게 된다. 상담자는 내담자의 문제뿐만 아니라 내담자가 가지고 있는 자원과 강점을 지지해주고, 내담자의 자존감과 자기효능감을 회복시켜 주고 사회적 기능의 발달을 도모하게 된다.

또한 자기이해와 자신의 삶의 방향을 결정하고 대인관계의 향상 등을 통해 인간적인 성장도 일어나게 된다. 상담자와의 경험을 통해서 심리적 발달과 성장이 일어날 수 있도록 목표를 정해야 할 것이다.

이외에 목표를 정하는 데 있어 변화가 시급한 부분이 있거나 내담자가 원하는 것이 있을 때 우선적으로 목표를 정해야 한다. 내담자의 호소문제와 의뢰인(부모, 교사, 배우자, 법원의 명령 등)의 기대가 다를 때 목표를 조율할 수 있어야 한다. 그리고 내담자가 실현가능한 목표인지 확인해야 한다. 목표를 설정할 때에는 내담자와 논의하고 합의하고 공유를 해야 한다. 상담목표를 한 번 정했다고 바꿀 수 없는 것이 아니라 상담과정을 통해서 필요한 경우에는 상담목표를 수정하거나 보완할 수 있다.

4 상담과정

상담의 과정은 상담자와 내담자가 만나 상담관계를 맺고 당면 문제를 다루고 목표를 달성하면서 종결에 이르는 과정이다. 상담은 일반적으로 초기단계, 중기단계, 종결단계의 3단계를 거치게 된다. 규모가 큰 기관일 경우에는 접수면접(Intake)의 과정을 두어서 내담자의 포괄적인 정보를 수집하고 내담자의 문제를 다루어 줄 수 있는 상담자와 내담자를 연결시키는 상담 전 활동의 단계가 있다. 접수면접 상담자는 짧은 시간에 내담자에 대한 정보를 얻어내고 내담자에게 가장 우선적인 문제가 무엇인지를 파악하여 최상의 치료법이 무엇인지 찾아 전문상담자에게 연결시키는 매개역할을 한다. 전체적으로 초기단계는 내담자에 대한 정보를 수집하는 단계이다. 중기단계는 내담자의 문제 해결을 도와주는 단계이며, 종결단계에서는 상담의 결과를 평가하는 단계이다.

여기서는 일반적이고 공통적인 상담과정을 살펴보고, 각 단계에서 어떤 작업이 이루어지고 각 과정은 어떻게 연결되는지 살펴보고자 한다.

1) 초기단계

(1) 라포 형성

상담 초기단계에서 가장 중요한 것이 라포(rapport)를 형성하는 것이다. 라포는 상담자와 내담자가 서로 믿을 수 있는 관계를 맺는 것을 말한다. 내담자는 상담관계가 안전하고 자신의 문제가 해결될 수 있을 것이라는 것을 첫 회기에 경험할 수 있어야 한다. 내담자가 상담자에 대한 믿음을 갖게 하는 것은 바로 상담자의 전문성이다. 상담자가 내담자에게 대하는 전문적인 태도는 내담자로 하여금 앞으로 자신의 문제가 해결될 수 있을 것이라는 희망과 상담과 상담자에 대한 믿음을 갖게 하는 최우선 조건이다. 라포 형성이 잘 이루어지기 위한 조건은 바로 상담자의 전문성이 확보되는 것이다.

(2) 내담자의 호소 내용 듣기

내담자가 내방을 하게 된 동기가 무엇인지 내담자의 이야기를 따라가면서 경청한다. 내담자가 호소하는 얘기를 들으면서 현실적으로 어떤 문제와 어려움이 있는지를 명확하게 파악해야 한다. 또한 내담자가 왜

하필 이 시점에 상담을 오게 되었는지, 그 계기는 무엇인지, 상담실을 찾은 계기가 자발적인지 비자발적인지를 알아본다. 그리고 내담자가 해결되기를 바라는 점은 무엇인지, 어떤 변화를 바라는지 등도 파악한다. 또한 상담자가 많은 질문을 하기보다 내담자가 스스로 자신의 문제를 내놓게 하고 상담자는 최소의 질문만 하면서 호소내용을 듣고 정보를 수집한다. 그리고 내담자의 감정을 지속적으로 관찰하고 존중, 허용하면서 감정을 표현할 수 있도록 격려해 주고 초기의 감정을 해소시켜 준다.

(3) 내담자에 대한 이해 및 평가

내담자의 행동을 관찰하고 심리검사를 통해 내담자에 대한 정확한 이해와 진단을 내려야 한다. 내담자에 대한 평가는 앞으로 내담자 문제를 도와줄 상담의 방향과 어떤 상담이론을 적용해야 할지를 가늠할 수 있다.

(4) 상담의 구조화

상담의 구조화란 상담이란 무엇이고 상담을 어떻게 진행할 것인지에 대해 안내하는 오리엔테이션과 같은 과정을 말한다. 상담자의 역할 및 내담자 협력의 중요성에 대해 안내한다. 그리고 상담 시간, 상담 횟수, 상담 장소, 상담 비용, 상담 시간에 늦거나 약속을 지키지 못할 때의 연락 방법 등에 대해서도 안내를 해주고 협의를 한다. 또한 비밀유지와 비밀보장의 한계에 대해서도 내담자가 이해할 수 있도록 설명한다.

(5) 상담목표 설정

내담자의 문제가 파악이 되면 내담자가 어떤 도움을 받고 싶은지를 확인한다. 그리고 상담목표 설정의 목적과 필요성에 대해 설명해 주고 내담자가 원하는 것을 근거로 상담목표를 설정한다. 목표 설정할 때에는 상담자의 일방적 관점이 아니라 내담자와 협의를 하여 정하도록 한다. 또한 상담목표는 구체적이면서 실현가능한 것으로 정하고, 내담자의 문제에 효과적으로 도달할 수 있는 상담전략과 계획을 수립해야 한다.

2) 중기단계

중기단계는 상담목표에 도달하기 위해 노력하는 상담의 핵심 단계이다. 내담자는 자기개방과 사적인 비밀까지 내놓으며 상담자와 친숙한 관계와 함께 상담목표에 도달하기 위한 구조화된 관계로 발전한다.

(1) 내담자의 자기탐색과 통찰

상담자는 내담자의 내면세계와 접촉하기 위해 더 깊은 탐색의 기회를 제공한다. 내담자는 깊은 탐색을 통해 자신의 욕구와 바람이 무엇인지 알게 된다. 그리고 이전의 행동이 자신의 욕구와 바람을 충족시키려고 한 것이라는 통찰이 생기면서 행동의 변화를 꾀하게 된다.

(2) 상담목표 및 계획에 따른 상담진행

상담자는 상담목표와 계획에 따라 내담자의 현재 문제와 관련된 부적응적 사고, 감정, 생활 패턴, 행동, 관계, 특성에 대한 자각을 불러일으키면서, 외부 환경 혹은 과거 사건이 현재의 경험과 연결되는지의 여부 등을 다루어 준다. 내담자가 자신이 원하는 욕구를 충족시키기 위해 지금까지 써왔던 낡은 행동 방식과 문제해결 방법을 좀 더 효율적이면서 현실적인 방법을 찾아내고 내담자의 행동 변화를 꾀한다. 이때 내담자는 역기능적이었지만 지금까지 익숙했던 방식에 대한 고집으로 새로운 변화와 행동에 대해 불안과 저항이 일어날 수 있다. 이 불안과 저항은 상담시간을 어기거나 주제에서 벗어난 이야기로 화제를 바꾼다거나 상담에 성실하게 임하지 않는 등의 방식으로 나타난다. 이때 상담자는 내담자가 불안과 저항이 나타났음을 알 수 있어야 하고, 이 저항을 능숙하게 다룰 수 있도록 훈련이 되어 있어야 한다. 즉, 불안에 대한 공감적 이해와 저항에 대한 직면과 해석 등을 노련하게 다룰 수 있어야 한다.

(3) 문제해결력 향상 및 행동실천

문제해결력을 향상시키기 위해서 행동을 개선하기 위한 전략을 세우고, 행동으로 실천을 하기 위한 연습의 기회를 제공해야 한다. 이때 내담자의 적극적인 참여가 필요하며 내담자가 실행을 할 수 있는 가능한 범위 내에서 실천할 수 있도록 구체적인 장면과 방법을 의논한다. 그리고 연습을 통해서 자신감을 갖게 하고 내담자가 원하는 행동을 찾도록 지지해 준다. 상담 장면을 떠나 상담 밖의 현실 속에서 실천할 수 있는 과제를 부여하고 새로운 행동의 변화를 경험하도록 한다.

3) 종결단계

내담자가 호소하던 불편감이 사라졌거나 상담자가 판단하기에 많이 좋아졌다고 여겨지면 상담자는 종결을 위해서 내담자와 논의할 준비를 해야 한다. 종결단계에서 일반적으로 이루어지는 활동들은 다음과 같다.

(1) 이별의 감정 다루기

상담관계도 하나의 인간관계이므로 상담 회기 동안 정이 들었던 상담자와 내담자 모두 이별의 감정을 느끼게 된다. 어린 시절 분리불안의 문제가 있는 내담자의 경우 상담 종결에 대한 거부감을 나타내기도 한다. 상담자의 역전이나 상담자가 내담자로 하여금 의존성을 가지게 했거나 또는 의존적인 내담자일 경우 종결에 어려움이 있을 수 있다. 이때에 상담자는 분리불안, 역전이, 의존성에 대해 직면과 해석을 해주고 내담자의 감정을 표현하도록 한다. 내담자의 느낌을 읽어주면서 종결 시의 이별의 감정을 다루어 주도록 한다. 또한 종결 후에도 언제든지 다시 상담할 수 있음을 알려준다.

(2) 상담 전체 과정 및 결과의 평가

상담의 전체 과정 중에 가장 의미 있었고 인상 깊었던 부분은 무엇이었는지 내담자와 함께 탐색해 보고, 그때의 느낌과 그 과정을 통해 얻은 것이 무엇인지를 확인하고 종결 후에도 효과가 지속될 수 있도록 격려한다. 또한 변화하고 성장한 것은 무엇인지, 상담을 통해 해결하지 못한 것은 없는지 등을 검토한다. 변화된 행동들이 상담실 밖에서도 일반화시킬 수 있도록 독려한다. 그리고 종결 후에도 나타날 수 있는 잠재된 문제, 재발 가능성에 대해서 그리고 그런 경우 대처전략에 대해서도 논의한다.

(3) 추수상담에 대해 의논하기

추수상담은 상담이 종결된 후 상담과정에서 변화된 행동들이 계속 유지되고 실천하는지의 여부를 확인하는 것이다. 주로 장기상담의 경우 1달에 1번 또는 6개월 후, 단기상담의 경우 2주 후 정도에 상담 날짜를 잡는다. 추수상담을 받을지의 여부는 내담자가 결정하도록 한다.

5 상담의 기법

상담기법은 상담자와 내담자의 대면 상황에서 언어를 통해서 내담자를 도울 수 있는 면접기술을 의미한다. 주로 쓰이는 면접기술은 관심기울이기와 경청, 질문, 공감, 재진술, 요약, 직면, 해석, 즉시성, 정보제공 등이 있다.

1) 관심기울이기 및 경청

(1) 관심기울이기

관심기울이기는 내담자가 이야기할 때 상담자가 보여 주는 시선, 자세와 몸짓, 얼굴표정, 목소리 등으로 내담자에게 관심을 가지고 있다는 것을 알리는 상담자의 비언어적인 태도를 말한다. 관심기울이기는 상담자가 내담자를 수용하고 격려하는 행동이며, 내담자로부터 더 많은 정보를 얻기 위해 취하는 행동이다.

(2) 경청

내담자의 이야기를 주의 깊게 귀담아 듣는 것을 경청이라 한다. 경청은 내담자가 하는 말의 내용뿐만 아니라 의미를 이해하고, 그에 내포된 감정이나 소망까지 읽으면서 사려깊은 태도로 듣는 것이다.

2) 질문

내담자에게 알고자 하는 바를 묻는 기술이다. 내담자에 대한 자료와 정보를 수집하고, 내담자를 탐색하거나, 내담자의 이야기 내용을 명료화시키기 위해서, 주제에 초점을 맞추기 위해서 사용한다. 질문에는 폐쇄형 질문과 개방형 질문이 있다.

(1) 폐쇄형 질문

예, 아니오 등으로 한정된 답변이 따라오는 질문의 형태로 특정 주제나 사실 확인에 초점을 둘 때 사용한다.

(2) 개방형 질문

언제, 어디서, 누가, 무엇을 어떻게와 같은 내용을 넣어서 하는 질문의 형태이다. 개방형 질문은 어떤 상황을 구체적으로 탐색하거나 내담자의 감정을 명료화하고 더 많은 이야기를 할 수 있는 기회를 제공한다.

폐쇄형 질문: 동생과 사이가 나쁘니?
개방형 질문: 동생과의 사이가 어떤지 궁금하네요.

폐쇄형 질문: 지하철을 타고 왔나요?
개방형 질문: 차편은 어떤 걸 이용하세요?

3) 공감

상담자가 내담자의 내적 준거체제 속으로 들어가서 마치 내담자가 세상을 보는 것처럼 내담자의 감정과 그 맥락을 알아차리고, 감정적인 공명을 통해 내담자 자신과 내담자의 세계를 지각하는 것을 말한다. 상담자가 마치 내담자처럼 지각하지만 그 속에 빠져들지 않는 것이 중요하다. 내담자와 함께 바라보지만 관찰자의 위치를 유지해야 한다.

예 1 "그 친구가 말했던 것을 떠올리니까 지금도 분노가 일어나는가 봐요."

예 2

내담자: 공부를 억지로 하는 것 같아요

상담자: 자발적으로 공부하면 더 열심히 할 수 있을 것 같은데 억지로 공부하니까 마음대로 되지 않는군요

예 3

내담자: 아버지 생각만 하면 눈물이 나요

상담자: 아버지 생각만 하면 슬픔이 올라오네요(○)

상담자: 당신 아버지 얘기는 정말 슬퍼요(×)

4) 재진술

재진술은 내담자의 이야기를 듣고 상담자가 자기의 표현양식으로 바꾸어 말해주는 기법이다. 재진술은 이야기의 인지적인 부분을 함축적으로 정리하여 되돌려 준다는 점에서 '내용의 반영'이다. 즉, 내담자가 말한 내용의 핵심을 참신한 표현으로 바꾸어 전달하는 것을 말한다. 상담자의 재진술을 통해 내담자는 자신이 어떤 말을 하고 있는지, 그것이 타인에게 어떻게 전달되는지 들어보는 기회가 된다.

예 내담자: 선생님은 상담자라는 직업이 마음에 드세요?

상담자: 제가 상담자를 직업으로 택한 이유가 궁금하신가 봐요

5) 요약

내담자가 다소 길게 말한 내용을 압축해서 그 속에 포함된 핵심적인 요소들을 간결하게 정리하는 기법이다. 재진술이 조금 전에 했던 말의 내용을 확인하는 기법이라면 요약은 좀 더 긴 시간 동안 이야기한 내용을 확인하는 기법이라 할 수 있다.

6) 직면

내담자가 상담 중에 보인 사고, 감정, 행동에서 모순되는 점이나 불일치가 관찰이 될 때 그 모순이나 불일치를 지적하는 상담기법이다. 내담자가 보인 반응 중 말과 행동이 불일치하거나 전에 했던 말과 지금 하는 말이 불일치할 때 그 불일치를 지적해 주어 내담자의 자기탐색과 지각을 촉진시킨다. 직면은 내담자가 직면을 받아들일 준비가 되어 있거나 내담자가 직면을 버틸 수 있는 힘이 있을 때 사용해야 한다. 준비가 되지 않은 내담자는 비난이나 공격으로 받아들여 방어하거나 저항, 위축되어 상담관계를 위협할 수 있다.

내담자: 저는 화가 나면 마음이 착 가라앉아요.
상담자: 화가 나는데 오히려 마음이 가라앉는다구요?

7) 해석

상담자가 상담과정에서 파악한 내담자의 문제나 상황에 대한 원인과 의미에 대해 설명해 주는 상담기술이다. 해석은 상담자의 심리학적 지식과 상담이론에 근거한 하나의 가설이다. 따라서 상담자의 전문성이 가장 많이 요구되는 기법이다.

8) 즉시성

내담자의 사고, 감정, 행동에 대한 반응을 보고 상담자가 관찰한 것을 드러내어 내담자가 통찰을 얻도록 도와주는 방법이다.

상담자: 계속 시계를 보고 있네요. 혹시 지금 이야기가 불편하게 느껴지시는지요?
상담자: 제가 방금 당신을 칭찬했을 때 어떻게 느끼셨어요?

9) 정보제공

내담자가 정보가 부족하거나 잘못된 정보를 가지고 있을 때 필요한 정보를 주거나 정보를 찾을 수 있는 출처나 자료를 알려주어 내담자가 변화를 위한 도전의식이나 확신을 갖도록 하는 것이다.

Chapter 03

심리검사

1. 심리평가의 이해
2. 심리평가의 방법
3. 상담에서 심리검사 활용
4. 표준화검사와 비표준화검사
5. 검사도구의 양호도
6. 표준화된 검사도구를 활용한 평가
7. 투사적 검사

제3장
심리검사

1 심리평가의 이해

지금까지 심리평가(psychological assessment)라는 용어보다는 심리검사(psychological test)라는 용어가 더 익숙하고 널리 사용되어왔다. '검사'(test)라는 용어는 적성검사나 성취도검사와 같이 사람들에게 최상의 수행을 측정하는 것을 말한다. 반면에 '평가'(assessment)라는 용어는 절차, 과정, 결과의 뜻이 강하다. 또한 '검사'는 평가에 사용된 도구의 의미가 포함되어 있다. 심리평가란 심리검사, 면담 그리고 행동관찰 등 여러 방법에 의해 개인의 심리적 특성을 통합적으로 이해하는 일련의 전문적인 과정이다. 과거에는 심리평가보다는 심리검사가 개인을 평가하는 주요한 수단으로 인식되어 왔다. 그러나 심리검사 결과만으로는 개인을 다각적으로 이해하는 데 충분하지 않다. 왜냐하면 각각의 검사도구 자체가 가지고 있는 한계점이 있고, 검사 수행과정에서 보여지는 피검자의 행동특성도 검사에서 파악되지 않는 부분이 있기 때문이다. 따라서 개인용 심리검사에서 행동관찰은 매우 중요하며 검사 해석과정에서 면담자료 또한 피검자의 일부분이기 때문에 행동관찰, 면담자료 또한 심리평가를 위한 평가도구이다.

물론 심리평가과정에서 심리검사가 가장 기본적이고 중요한 과정이지만, 심리검사 외에도 개인 기록이나 면담, 자연적 상황이나 체계적 상황에서의 행동관찰, 평가자의 심리학적·정신병리학적 지식 그리고 임상적 경험이 바탕이 되어야만 개인의 심리적 특성을 보다 정확하게 종합적으로 분석하고 해석할 수 있다.

심리평가의 목적은 개인의 행동이나 성격을 이해하여 문제를 해결하는 데 있다. 평가를 하기 위해서 심리검사를 실시하고 다양한 정보를 측정하게 된다. 그리고 검사결과를 토대로 세부적인 임상적 진단을 내리고, 효율적인 상담방법을 제안하게 된다. 피검자의 입장에서는 타인과의 차이를 인정하고 자신에 대한 이해의 폭을 넓히고 통찰력을 갖게 된다.

2 심리평가의 방법

1) 심리검사법

심리검사는 행동관찰, 면담과 함께 심리평가의 하위의 개념 중의 하나이다. 심리검사란 각 개인의 심리적 상태를 비교하고 개인의 인격적, 행동적 측면을 이해하기 위한 심리학적 측정과정이다. 여기서 심리학적 측정이란 각 개인의 심리적 특성을 측정하여 수량적으로 표현하는 과정을 말한다. 예를 들어, 한 개인의 지능지수를 알기 위해 지능검사를 측정한 결과 지능지수가 '130'으로 나왔다면 이 사람의 지적능력의 수준을 알 수 있고, 다른 사람과 비교를 할 수 있게 된다. 심리검사 결과를 수량적으로 표현하는 이유는 인간의 개인차를 비교하고 나아가 개인을 다각도로 이해하기 위한 것이다.

심리검사의 목적은 개인의 심리적, 행동적 속성을 측정하여 개인에 대한 심층적인 이해를 얻고 개인 간 혹은 개인 내 비교를 하기 위한 것이다. 개인내적인 영역에서 어떠한 편차가 있는지 개인 간 비교를 통해 차이가 나타나는지 등을 파악하고 도움을 주는 것이다. 심리검사를 통해 측정하는 내용은 주로 정신 기능의 기본 영역으로 인지적 과정은 어떤지, 정서의 경험과 표현은 어떻게 하는지, 동기의 수준과 욕구체계, 대인관계 양식, 되풀이되는 대인관계 양상과 특징적인 행동 등을 측정한다. 그 외에 성격검사뿐만 아니라 수준별 학교학습의 이해 정도를 파악하기 위한 학력검사, 회사에서 선발용으로 실시하는 적성검사, 병원이나 상담소에서 내담자의 상태를 파악하기 위하여 실시하는 신경심리검사 등 모두를 포함한다.

2) 면담법

면담(interview)이란 일반적으로 검사자와 피검자가 면대면으로 마주 대하고 어떤 주제에 대해 협의하거나 상담하는 과정으로서, 심리검사의 내용을 보완하고 심리검사 해석이 타당한지를 뒷받침해준다. 면담이 심리평가과정에서 필요한 경우는 대개 심리검사를 실시하기 전에 피검자로 하여금 검사에 대한 동기를 유발하고 검사 장면에서의 불안과 긴장을 해소하기 위한 경우이거나, 검사 도중 피검자가 검사에 저항하거나 과제를 적절히 수행하지 못하여 긴장할 때 그리고 검사 후 피검자에게 검사결과를 설명해 주거나 검사 시 느낀 불편한 점이나 궁금한 점을 파악하는 경우이다. 그리고 면담과정에서 보여 주는 내담자의 수행과정과 태도 등도 유의한 평가자료 중 하나이다.

3) 행동관찰

행동관찰은 개인의 특이한 행동을 발견하고 이런 문제행동을 유발시키는 요인과 이들 간의 상호 관련성을 밝히는 과정을 말한다. 행동관찰의 방법에는 자연장면에서의 관찰과 통제된 상황에서의 관찰이 있다. 자연관찰법은 생활환경 속에서 자연스럽게 일어나는 피검자의 행동을 체계적으로 관찰하는 방법이다. 자연스러운 행동을 관찰한다는 장점이 있으나 피검자가 타인으로부터 관찰된다는 것을 알게 되면 실제와는 다른 반응이 유발될 수 있다.

통제된 상황에의 관찰은 보고자 하는 행동만 측정하는 것으로 오염변인이 될 수 있는 요인을 어떻게 통제하느냐가 중요한 변수이다. 마쉬맬로우실험에서 만 4세 아동들의 만족지연행동을 측정하고자 할 때 너무 배가 고프거나 너무 배가 부르면 시험결과가 타당하지 않게 되는 경우를 말한다.

주로 상담에서의 행동관찰은 면담이나 심리검사 시에 보여는 내담자의 말하는 방식, 태도, 내용, 체격, 옷차림, 외모 등을 통해 또는 면담이나 검사에 대한 협조성, 상담자와 관계를 맺는 능력, 상세한 정보를 털어놓지 않으려 하는 태도, 겉으로 드러난 긴장과 안절부절 못하는 것, 순종성, 버릇 등을 관찰하고 심리적 해석을 하는 것이다.

3 상담에서 심리검사 활용

병원에서의 심리검사를 활용하는 것과 상담에서의 심리검사를 활용하는 것에는 차이가 있다. 정신과에서의 심리검사는 한 개인의 정신적 진단을 내리는 것으로 정상인지 이상이 있는지 여부를 평가하고 진단을 내리는 목적이다. 상담에서의 심리검사는 진단이 목적이 아니다. 내담자가 자신의 문제에 대해 명확하게 알게 되고 그것을 수용하며, 자기를 탐색한 결과를 통해 상담의 방향을 잡는다. 또한 평가를 통해서 심리검사를 활용하는 이유는 진단을 내리는 목적이 아니다. 심리평가를 통해 내담자에 대해 파악하고 적절한 상담기법을 선택하거나, 상담 전과 후의 내담자의 변화가 어느 정도인지 비교하기 위한 것이다.

1) 내담자의 문제 인식과 수용

상담에서는 상담자와 내담자 모두 문제를 정확하게 인식할 필요가 있다. 문제에 대한 정확한 인식이 있어야 문제해결을 할 수 있기 때문이다. 검사를 통해 내담자는 정확히 어떤 문제 때문에 어려움에 봉착했는지를 파악하게 되고 받아들이게 된다. 그리고 문제의 정도가 미약한 경우의 검사결과는 내담자를 '문제있는 사람'이 아닌 '정상적'인 범주로 보게 하여 지나친 걱정을 덜어주기도 한다.

2) 적절한 상담기법의 선택 및 상담의 방향 설정

심리검사를 통해 내담자의 성격특성, 욕구, 스트레스 수준, 인지적 특성, 행동 등이 파악되면 내담자의 호소문제의 성질과 정도에 따라 적절한 상담기법을 선택할 수 있다. 그리고 어떤 상담이론을 적용해야 할지 상담이론을 선택하고 효율적인 상담의 방향을 잡을 수 있다. 예를 들어, 강박사고와 강박행동 점수가 높은 경우 사고의 과정과 비합리적 행동을 다루어 주는 인지정서행동치료를 선택할 수 있다. 또한 내담자의 성격특성이 우울과 불안이 높고 낮은 자아존중감을 가지고 있을 경우 정신역동상담 중 지지적 접근을 적용할 수 있다. 그리고 검사결과가 병리적이고 현실검증력이 심하게 왜곡되어 나타난 경우라면 약물치료를 병행할 것을 제안할 수도 있다.

3) 상담효과의 검증

심리검사를 통해 상담 자체가 내담자의 문제를 해결해 주었는지, 증상이나 행동이 감소되었는지를 검증할 수 있다. 보통의 경우 상담을 시작하기 전에 1번, 상담 종결 후에 1번, 즉 사전-사후검사를 실시한 뒤 두 검사의 비교를 통해 내담자의 변화 정도를 측정한다. 언어적으로 얼마만큼 변화되었다는 추상적인 설명보다는 과학적이고 객관적인 검사자료로 변화의 정도를 알려주게 되면 상담에 대한 신뢰와 상담의 효과를 인정하게 된다.

4 표준화검사와 비표준화검사

심리검사는 표준화된 검사도구가 있고 비표준화된 검사도구가 있다. 표준화란 검사를 실시하고 채점할 때의 절차의 일관성을 의미한다. 즉, 검사의 구조, 실시방법, 해석에 있어서 특정한 기준을 갖추고 있어야 한다. 그 기준에는 통일된 검사시행, 객관적인 채점방식, 검사해석을 위한 대표적 규준집단, 검사채점의 신뢰도 등이 포함된다. 그리고 그 검사가 제작된 목적에 비추어 타당성을 입증할 수 있어야 한다. 표준화검사는 엄밀한 제작과정을 거치기 때문에 신뢰도와 타당도가 높은 것이 특징이다. 지능검사를 예로 든다면 검사매뉴얼에 따라 검사를 실시하고 그 결과를 채점한 후 표준화된 규준에 따라 산출된 점수를 가지고 해석을 한다. 피검사자의 성별에 따라 그리고 연령에 따라 규준이 다 다르기 때문에 규준을 무시하고 해석하게 되면 전혀 다른 결과가 나타난다.

비표준화검사는 표준화된 검사에 비해 대개 신뢰도와 타당도가 떨어지지만 보통은 연구자가 특정의 관심사를 평가하기 위하여 제작한 검사이다. 심리검사는 채점하는데 명확한 규칙이 있어야 한다. 대부분의 검사가 채점규칙을 가지고 있어서 한 개인의 반응을 여러 사람이 채점하더라도 동일한 점수를 얻게 된다. 그러나 TAT나 로르샤흐검사 등 투사적 검사는 검사자의 주관적인 해석에 많이 의존하므로 동일한 반응에 대하여 채점자에 따라 다른 점수를 부여할 수 있다. 그러나 기존의 심리검사가 측정할 수 없는 측면들을 융통성 있게 고려할 수 있다는 것이 장점이라 할 수 있다. 주로 면담이나 행동관찰, 투사적 검사 등이 비표준화검사의 일종이다.

5 검사도구의 양호도

표준화검사가 검사로서의 가치를 가지려면 측정하려고 하는 것이 믿을 만한 것인지, 측정하고자 하는 것을 제대로 측정하는지의 여부이다. 검사도구가 잘 만들어졌는지 아닌지의 정도를 알아보는 것을 검사도구의 양호도라고 한다. 검사도구의 양호도는 신뢰도와 타당도가 얼마나 확보되었느냐에 달려있다.

신뢰도는 검사가 개인의 특성을 측정할 때 얼마나 오차없이 측정하고 있느냐이다. 검사 점수가 측정하는 사람에 따라, 검사 실시의 시간에 따라 혹은 검사 문항의 표집에 따라 점수의 변화 정도가 어느 정도 안정적이면서 일관성을 유지해야 한다. 즉, 검사가 어떤 대상을 일관성 있게 측정한다면 그 검사는 신뢰할 만하다고 할 수 있다.

타당도는 하나의 검사가 측정하고자 하는 내용을 충실하게 측정해 내는 정도를 의미한다. 즉, 측정하고자 하는 것을 제대로 측정하고 있느냐이다. 만일 지능을 측정하기 위한 검사도구가 실제 내용은 성격을 측정하는 문항이 들어있거나 혹은 학력을 측정하려 한다면 이 지능검사는 타당한 도구라고 할 수 없다.

대체로 신뢰도, 타당도 지수는 .70 이상이어야 하고 지수가 높을수록 양호도가 잘 확보된 도구이다. 특히 표준화검사는 신뢰도, 타당도가 반드시 확보되어야 한다.

6 표준화된 검사도구를 활용한 평가

표준화된 검사란 전문가에 의해 제작되어 검사도구의 양호도인 신뢰도와 타당도가 검증된 검사를 의미한다. 대규모의 표준조사를 통해 측정한 값의 평균과 비교를 할 수 있도록 되어 있는 검사이다. 검사란 사전에 정해진 규칙에 따라 실시, 채점, 해석되는 것으로 표준화검사는 모든 절차와 방법이 일정하게 표준화되어 있다.

여기서 유의할 점은 유아들을 대상으로 검사를 할 때 고려해야 할 사항이다. 유아들을 검사하는 데 있어서 한 가지의 검사도구로 유아를 평가해서는 안 된다. 왜냐하면 한 개의 검사가 가지고 있는 제한점이 있고 검사도구 하나로 유아의 모든 면을 평가할 수 없기 때문이다. 또 검사 당시 유아의 기분상태나 건강상태, 검사환경도 영향을 끼치므로 보통 3~5가지의 검사를 병행하여 평가하는 것이 바람직하다. 다음은 우리나라에서 사용되고 있는 표준화된 유아용 검사도구들이다.

표 1-3 **표준화 검사도구**

유형	검사명	대상연령	제작자	출판사
지능검사	한국웩슬러 아동용지능검사(K-WISC-V)	만 6세~만 16세 11개월	곽금주 외(2019)	인싸이트
	한국웩슬러 유아용 지능검사(K-WPPSI-IV)	2세 6개월~7세 7개월	박혜원 외(2016)	인싸이트
	K-ABC검사	2세 6개월~12세 5개월	문수백 외(1997)	인싸이트
	한국판 그림지능검사(PTI)	4~7세	서봉연 외(1985)	중앙적성연구소
성격검사	한국아동인성검사(KPI-C)	만 4~14세	김승태 외(1997)	한국가이던스
	아동 · 청소년 성격유형검사(MMTIC)	만 8~13세	김정택 외(1993)	한국심리검사연구소
발달검사	Bayley 영유아발달검사 (Bayley Scale of Infant Development: K-BSID-III)	생후16일~42개월 15일	방희정 외(2019)	인싸이트
	덴버발달검사 (Denver Developmental Screening Test: DDST-II)	생후 2주~6세	신희선 외(2002)	한국방송미디어사업
	한국판 유아발달선별검사(K-DIAL-3)	3세 6개월~6세 5개월	정병운 외(2003)	도서출판특수교육
	한국판 아동발달검사(K-CDI)	15개월~만 6세	김정미 외(2010)	인싸이트
사회성검사	사회성숙도검사	0세~성인	김승국 외(1995)	중앙적성연구소

7 투사적 검사

투사적 검사는 피검자에게 애매모호한 자극을 주고 이에 반응하도록 해서 그들의 욕구, 경험, 내적 상태, 사고과정 그리고 무의식적이고 역동적인 성격구조를 분석하고 평가하는 것이다. 자극의 모호성 때문에 사람들은 자극에 단순히 반응하기보다는 자극을 해석하는 과정에서 자기 자신을 드러내게 된다. 투사적 검사는 검사자의 주관적 해석에 의존하고 뚜렷한 표준화도 없고, 신뢰도와 타당도에 대한 명확한 검증이 없다는 것이 단점이다. 그러나 그동안 전문가들의 공통된 해석과 일치된 해석방법들이 누적되어 평가의 지침 기준들이 만들어지고 다른 객관적 검사에서 밝힐 수 없는 심층적이고 역동적인 성격을 평가할 수 있다는 것이 장점이다. 따라서 투사검사를 실시하고 해석하기 위해서는 고도의 훈련과 많은 경험이 요구된다.

투사적 검사에는 로르샤흐검사, 주제통각검사, 벤더-게슈탈트검사(BGT), 집-나무-사람 그림검사, 가족화, 인물화, 문장완성검사 등이 있다. 유아들을 대상으로 하는 투사적 검사로는 아동용 주제통각검사, 그림검사로 집-나무-사람 그림검사와 가족화검사 등이 있으며 문장완성검사가 주로 사용되고 있다.

1) 아동용 주제통각검사(K-CAT)

성인용 주제통각검사(Thematic Apperception Test: TAT)는 30장의 그림 카드와 1장의 백지카드로 구성되어 있다. 대부분의 그림에는 한 명 이상의 인물이 등장하고 일상생활 장면을 다소 모호하게 그린 그림들로 묘사되어 있다. 그림 카드를 통해 피검자는 이 카드에 있는 인물과 동일시하여 자신의 욕구, 감정, 생각, 경험 등을 투사하게 된다.

아동용 주제통각검사(Children's Apperception Test: CAT)는 성인용 TAT를 기초로 제작되었다. 어린 아동들은 사람 그림보다 동물 그림에 더 쉽게 반응한다는 가정하에 CAT 카드는 사람 대신 동물을 사용한다. 그림 속의 다양한 동물들의 모습은 인간의 상황을 묘사한 것으로 수유, 배변훈련, 부모자녀관계, 형제자매관계, 공격성 그리고 아동기 경험들과 관련된 환상들을 촉발하는 그림들이다. 유아들은 자기 가족 외에 다른 가족에 대한 경험이 적기 때문에 주로 자기 자신과 가족과 관련된 이야기들을 투사하게 된다. 한국판 아동용 주제통각검사(Korean Children's Apperception Test:

K-CAT)는 1976년도에 김태련, 서봉연, 이은화, 홍숙기가 표준화하여 사용되고 있다. 주로 유아의 응답 속에서 주제, 주인공, 부모, 인물에 대한 태도, 가족역할과 동일시, 소개된 사람이나 물건 혹은 외적환경, 생략된 물건이나 사람, 불안의 본질, 유의미한 갈등, 죄에 대한 처벌, 마지막으로 처벌의 결과를 찾아낸다.

검사 시행방법은 아동에게 그림 카드를 보여 주면서 현재 어떤 일이 일어나고 있는지 물어본다. 그리고 과거에는 어떤 일이 일어났는지 그리고 미래에는 어떤 일이 일어날 것인지에 대해 이야기하도록 한다. 검사시간의 제한은 없지만 보통 20~30분 정도 소요된다. 검사자는 유아의 반응 내용을 '임상용 기록 및 분석용지'에 기록을 한다. 분석용지에는 주인공이 동일시하는 상, 욕구, 주변 인물에 대한 지각, 주요 갈등, 불안, 주요 방어기제, 초자아의 적절성, 자아의 강도 등이 기록된다. 이러한 것을 토대로 유아의 욕구나 환경적 압력 등과 같은 역동적 심리구조를 파악할 수 있게 된다.

그림 카드 예

2) 집-나무-사람 그림검사(HTTP)

어떤 목적을 가지고 반응자에게 연필이나 크레용 등을 주어 종이 위에 무엇인가를 표현시키는 심리검사를 그림검사라고 한다. 그림검사는 그림을 통해서 성격을 진단하며 심리치료의 보조수단으로 사용되며, 무엇을 어떻게 그리라고 하는가에 따라 여러 가지로 분류된다. 그중에서 가장 많이 사용되는 그림검사는 집-나무-사람 그림검사(House-Tree-Person: HTP)로 그림을 통해 성격을 진단하는 투사적 검사이다. HTP를 실시할 때는 A4용지 4매에 집, 나무, 사람을 차례로 그리게 하고, 나머지 4번째 용지에 사람 그림에서 앞의 성과 반대되는 사람을 그리라고 한다.

HTP 검사는 연령과 관계없이 폭넓게 사용할 수 있으며 각각의 그림이 나타내는 고유의 상징성은 다음과 같다.

(1) 집

집은 거주하는 장소로 반응자의 집에서의 생활, 가족들과의 상호작용과 관련이 된다. 유아의 경우 집의 상황과 부모형제 관계를 연관지어 볼 수 있다. 굴뚝에서 연기가 나오는 그림은 집의 상황이 소란스럽고 분쟁이 있다는 것을 나타낸다. 즉, 집의 분위기나 상황과 관련이 있다.

(2) 나무

나무는 반응자의 무의식적인 수준에서 느끼는 자신의 모습과 감정을 반영한다. 깊이 숨겨진 감정을 표현하는 데 사람 그림보다는 나무 그림에서 자기방어도 덜하게 되고 자신을 드러내는 데 대한 두려움이 적다. 따라서 반응자들은 사람의 얼굴, 몸, 팔보다는 나무의 줄기나 가지에 자신의 감정을 보다 쉽게 투사하고 드러낸다.

따라서 나무 그림과 사람 그림이 어떻게 다른지 검토해 보면 반응자의 갈등과 방어의 정도를 평가할 수 있다.

(3) 사람

사람 그림은 반응자의 자신의 모습에 대한 지각과 환경과의 관계를 나타내는 매개체이다. 반응자의 대인관계 방식, 타인에 대해서 느끼는 감정들이 드러난다. 사람 그림을 통해서 자신의 모습에 대한 갈등과 방어 등을 알아낼 수 있다.

3) 문장완성검사(SCT)

문장완성검사(Sentence Completion Test: SCT)는 투사적 검사 방법 중 하나이지만, 제시되는 자극이 일정한 형태를 띠고 있어서 반투사검사라고도 한다. 기본 형식은 응답자에게 주어진 미완성의 문장을 완성하도록 하는 것이다. 다른 투사적 검사와는 달리 검사 자극이 분명해서 의식적 수준의 심리적 현상을 측정할 수 있다는 장점이 있다. 다른 검사에 대한 부가적인 정보를 제공해 줄 뿐만 아니라 다른 검사에 의해 나타난 역동적 내용을 확인해 줄 수 있는 매우 간단하면서도 유용한 검사라고 할 수 있다. 성인용 문장완성검사는 가족, 성, 대인관계, 자기개념의 4가지 영역에 관한 문항으로 구성되어 있고, 아동용 문장완성검사는 가족, 사회, 학교, 자기 자신의 4가지 영역으로 구성되어 있다. 각 영역별 문항구성은 다음과 같다.

(1) 가족영역: 어머니, 아버지, 가족에 대한 지각, 정서적 관계 등을 파악한다.

(2) 사회영역: 또래와의 상호작용, 일반적인 대인관계를 파악한다.

(3) 학교영역: 학교에 대한 지각, 성취와 욕구에 대한 지각을 파악한다.

(4) 자기영역: 미래지향, 소원, 일반적인 정신건강 등의 개인내적 기능을 파악한다.

다음의 예시는 아동용 문장완성검사의 예이다.

- 내가 가장 행복한 때는 ______________________
- 다른 사람들은 나를 ______________________

- 우리 엄마는 ______________________

- 내 소원이 마음대로 이루어진다면,
  첫째 소원은 ______________________
  둘째 소원은 ______________________
  셋째 소원은 ______________________

- 내가 만일 동물로 변할 수 있다면 __________이 (가) 되고 싶다. 왜냐하면
  ____
  ____

PART

Ⅱ

상담이론

생활지도나 상담을 하기 위해서는 상담의 이론과 심리학적 지식이 갖추어져 있어야 하고, 실제에 적용할 수 있는 수련과 교육을 받아야만 한다. 이러한 전문성이 갖추어져 있지 않을 경우에는 내담자를 도와주는데 한계가 있고, 효과를 보지 못한 내담자들은 상담에 대한 부정적 생각과 거부감을 갖게 된다. 그리고 더 큰 문제는 내담자가 자신의 문제를 해결하지 못한다는 것에 있다. 즉, 상담이론에 대한 체계적 지식 없이 상담을 한다는 것은 지도 없이 길을 떠나는 것과 같은 일이라고 할 수 있다.

따라서 생활지도나 상담을 잘하려면 내담자를 만나 상담을 실시할 때 어떤 이론과 어떤 기법을 적용해야 하는지, 어떤 교육과 훈련을 받았는지가 중요하다고 하겠다. 인간의 문제를 어느 하나의 관점이나 이론적 체계로 이해한다는 것은 무리가 있다. 내담자를 도와주기 위해서는 내담자의 감정, 사고, 행동 모두에 관심을 가져야 한다. 그중 어느 한 요인이라도 소홀히 하게 되면 완전한 상담은 불가능하다. 각각의 상담이론은 이 세 가지 측면 중 하나의 측면을 더 강조하는 경우가 많다. 한 개의 상담이론으로 상담을 한다는 것은 불완전한 상담으로 이어질 수 있다. 상담을 하기 위해서는 하나의 이론만이 아니라 다양한 이론들을 절충하고 통합할 수 있도록 각각의 이론이 지니고 있는 장점과 한계를 파악하고 적용할 수 있어야 할 것이다. 따라서 지금까지 가장 많이 알려져 있고 기본적으로 알아야 할 상담이론에 대해 살펴보도록 한다. 각 이론을 설명하는데 있어 각 이론이 바라보는 인간에 대한 관점과 이론적 개념, 심리적 증상, 상담과정 및 상담기법의 순으로 살펴보도록 한다.

Chapter 04

정신분석상담

1. 인간에 대한 관점
2. 주요 개념
3. 심리적 증상의 발생과정
4. 상담과정과 기법

제4장

정신분석상담

Sigmund Freud
(1856~1939)

정신분석상담은 1800년대 말과 1900년대 초에 프로이트(S. Freud)에 의해 개발되었다. 정신분석이란 인간의 문제행동의 원인을 밝혀내어 그것을 치료해 나가는 과정이다. 프로이트 이전에는 인간의 정신작용과 행동은 거의 신비하고 알 수 없는 것으로 여겨졌다. 무의식과 성격구조, 심리성적 결정론 등에 대한 그의 설명은 20세기의 정신세계와 사상적인 측면에 지대한 영향을 끼쳤다. 이후 프로이트 이론의 비판으로 다양한 이론들이 발전하게 되면서 심리학이 꽃을 피우게 된다. 프로이트 이후의 신프로이트학파와 현대의 정신분석 체계의 학자들이 다양한 이론들을 발전시켜 왔지만, 프로이트가 주장한 어린 시절의 경험의 중요성에 대해서는 뜻을 같이 하고 있다.

1 인간에 대한 관점

프로이트는 인간의 본성은 태어나서 5살까지 어떠한 경험을 하는가에 따라 결정지어진다고 하였다. 인간의 감정이나 행동은 그냥 생겨나는 것이 아니라 5세 이전의 비이성적인 힘, 무의식적 동기, 생물학적 및 본능적 추동(drives)에 의해 결정되고, 영유아기 5년 동안 진행되는 심리성적단계의 과정을 거치면서 발달이 된다고 보았다.

영유아기에 형성된 성격구조는 성인기까지 영향을 미치기 때문에 어린 시절의 발달 상황이 대단히 중요하다고 하였다. 그 이유는 이후의 성격적인 문제들의 원인을 찾아가 보면 결국은 어린 시절의 억압된 여러 가지 갈등과 문제로 인한 것이다.

또한 어린 시절의 경험들은 무의식적 수준에서 억압되어 있고, 그것이 여러 가지 행동을 제어하면서 그러한 것이 무의식적 동기가 되어 지속적으로 행동에 영향을 미치는 것으로 보았다. 결국 인간의 행동은 의식차원에서도 일어나지만 무의식적 동기에 의해서 움직이는데, 우리의 행동 중 많은 부분은 무의식에 의해서 비롯된다고 하였다.

2 주요 개념

1) 마음의 지형학적 구조

우리나라의 땅이 각 도별로 구역이 정해져 있듯이 프로이트는 사람의 마음도 지형학적인 구조를 이루고 있다고 하였다. 사람의 마음은 의식, 전의식, 무의식의 3개의 층으로 이루어져 있으며, 빙산에 비유하여 설명하고 있다. 물위에 떠 있는 부분은 의식, 물을 통해 볼 수 있는 부분은 전의식, 빙산의 아래쪽에 볼 수 없는 부분을 무의식으로 나누었다.

(1) 의식

의식은 인간이 항상 자각하고 있는 지각, 사고, 정서적 경험을 포함하는 것으로, 어떤 순간에 개인이 자신과 환경에 대해서 자신의 감각기관을 통해 알아차릴 수 있는 모든 것을 의미한다.

(2) 전의식

전의식은 평소 생활에서는 의식하지 못하지만 상당히 주의를 기울이거나 특별한 자극을 받으면 의식의 수준으로 끌어올릴 수 있는 것을 말한다. 프로이트에 의하면 전의식은 무의식과 의식 사이에서 교량역할을 하며, 특정한 치료기법을 적용하면 무의식적 자료들이 전의식 수준으로 떠오르고 거기에서 다시 의식수준으로 나타날 수 있다고 하였다.

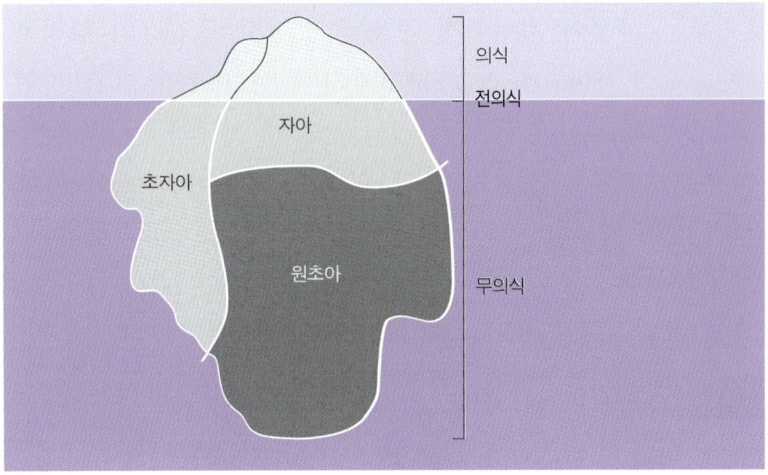

(3) 무의식

무의식은 직접 알 수가 없다. 빙산이 물에 잠겨 있어서 표면에 나타나지 않는 것처럼 무의식은 가장 큰 비중을 차지하면서도 그 모습을 드러내지 않는다. 무의식에는 모든 경험, 기억, 억압된 재료들이 저장되어 있다. 어린 시절 경험했던 수치심, 죄책감, 열등감, 성적 욕구, 공격 욕구 등이 무의식 수준에 머무르면서 다양한 방식으로 인간 행동과 생각에 영향을 끼친다. 그러나 무의식의 재료들은 인간 내면에 깊숙이 자리 잡고 있어서 대부분 의식에 떠오르면 위협적인 것으로 느껴지기 때문에 행동으로 직접 표현되는 것을 막는 강한 저항이 존재한다. 그런 것이 망각이나 꿈, 실수 등으로 나타난다. 무의식은 자신이 직접 알 수 있는 것이 아니어서 행동을 통해서 추론된다. 따라서 정신분석 치료법의 목표는 무의식적 동기를 의식화하는 것이다. 그런 다음에야 비로소 개인은 진정한 선택을 할 수 있다고 본다.

2) 성격의 구조

프로이트는 마음의 지형학적 구조를 발전시켜 인간의 성격은 원초아(id), 자아(ego), 초자아(superego)라는 3가지 구성 요소를 가지고 있다고 하였다. 이 구성 요소들은 서로 분리된 요소가 아니라 원초아는 생물학적 구성 요소로, 자아는 심리적 구성 요소로, 초자아는 사회적 구성 요소로 전체적으로 기능한다.

(1) 원초아(id)

원초아는 라틴어로 '그것'을 의미한다. 인간이 태어날 때부터 존재하는 것으로 먹고, 마시고, 잠자고 배설하는 본능적인 욕구이다. 이 본능적 욕구는 현실적인 타협 없이 직접적이며 무조건적으로 충족시키는 것에만 관심이 있다. 이것을 '쾌락의 원칙'에 따른다고 하는데, 욕구를 충족시키는 방식과는 상관이 없다. 배가 고프면 먹어야 하고 자고 싶으면 자야 한다. 유아들은 배가 고프면 곧바로 먹을 것이 주어져야 하고 그렇지 않으면 울음을 터뜨리게 된다. 이 원초아의 욕구들은 즉시 충족되어야 하지만 자아의 발달로 인해 이 욕구들은 억압되고 무의식 속에 숨겨져서 사람들의 삶에 영향을 끼친다.

(2) 자아(ego)

자아는 라틴어로 '나'를 뜻하는 말이다. 자아는 원초아로부터 발달하고 생후 2년쯤에 나타나기 시작한다. 자아는 원초아의 본능적 욕구를 현실세계에서 잘 기능할 수 있도록 지연시키거나 대치, 저지시키는 역할을 한다. 이를 '현실의 원리'를 따른다고 한다. 유아는 배가 고파도 엄마가 곧 배고픔을 해결해 줄 것이라는 것을 알고 기다릴 수 있게 된다. 현실을 지향하려는 자아가 원초아의 힘에 밀려 갈등이 발생하거나 패배하면 자아가 힘을 잃게 되어 심리적 문제가 발생하게 된다. 자아는 현실의 원리에 따라 원초아와 초자아 그리고 현실간의 중재역할을 하는 성격의 집행부 역할을 한다.

(3) 초자아(superego)

초자아는 라틴어로 '나를 넘어서'라는 뜻을 가지고 있다. 가장 마지막에 발달하는 초자아는 생후 3, 4세 경부터 발달하기 시작하며 주 양육자의 가치관, 양심, 도덕, 사회적 규칙을 내면화한다. 개인의 도덕률을 포함하며 특정 행동이 좋은지 나쁜지, 옳은지 그른지에 대해 관심을 둔다. 초자아를 '도덕의 원리'에 따른다고 한다. 원초아의 충동을 억제하고 자아가 도덕적인 목표를 현실적으로 선택하도록 하고, 완벽성, 지성주의 등을 지속적으로 추구하도록 하는 역할을 한다.

3) 성격의 발달

프로이트는 심리성적에너지(리비도)가 신체 어느 부위에 부착되는지에 초점을 맞추어 성격의 발달과정을 설명하였다. 프로이트는 각 연령대에 따라 리비도가 집중되는 신체부위가 다르다는 점에 주목하여 성격의 발달을 5단계로 나누어 설명하고, 이를 심리성적발달단계라고 하였다. 이 단계 중 초기 3단계 시기의 고착과 퇴행의 여부가 이후의 성격발달에 영향을 끼치게 된다. 따라서 유아기에 해당되는 3단계의 시기에 주 양육자의 역할과 정서적 안정은 필수적으로 요구된다고 하겠다.

(1) 구강기(oral stage: 0~18개월)

이 시기는 리비도가 입에 집중이 되어 빨고, 핥고, 맛보기 등 먹는 것의 충족 여부로 인해 구강 초기(0~6개월)에는 어떤 경험을 하게 되는가에 따라 낙관주의적인 사람이 되느냐 비관주의적인 사람이 되느냐가 결정된다. 그리고 양육자의 양육 상황에 따라 사람에 대한 신뢰와 불신으로 이어져 이후에 누군가를 사랑하고 친밀한 관계를 맺거나 두려움을 갖게 된다. 구강 후기에는 이가 나면서 물고 씹는 경험을 하게 된다. 이런 특성들이 이후 언어적 공격성과 신랄한 비판의 경향을 결정짓는다. 이 시기의 실패는 이후 먹고 마시는 것에 몰두하고 스트레스를 받으면 흡연, 음주, 손톱 물어뜯기 등으로 긴장을 해소한다. 그리고 화가 나면 언어적으로 공격을 한다. 이 시기의 성공은 타인의 지지를 받는 것에 관심을 두고 그들과 상호작용하는 것을 편하게 여긴다.

(2) 항문기(anal stage: 18개월~3세)

항문기는 리비도가 항문에 집중이 된다. 이 시기는 대소변가리기 훈련이 시작된다. 따라서 유아들은 대소변을 언제 어느 때 배설해야 하는지를 배우게 되어 배변은 적당한 때와 장소에서 배설해야 한다는 것을 알게 된다. 대소변가리기 훈련에서 유아의 배설에 아낌없는 칭찬과 독려는 이후 성인기의 생산성과 창의성의 기초가 된다. 잘한 것에 칭찬을 해주기보다 실패했을 때 처벌이나 조롱은 유아로부터 수치심을 갖게 만든다. 처벌과 조롱에 대해 유아가 어떻게 반응하느냐에 따라 2가지 성격패턴으로 이어진다. 부모가 원하지 않을 때 힘차게 배설하는 반항의 패턴을 보이는 경우 이후 더럽히고, 잔인하고, 파괴적이고, 적대감을 표출하는 항문기 배출적 성격특성으로 이어진다. 반대로 대소변을 참으면서 보유하고 있는 경우 완고하고 강박적인 성격의 항문기 보유적 성격특성으로 이어진다. 인색함, 고집, 질서정연함이나 청결함 등이 변을 보유하고자 하는 욕구에서 비롯된다.

(3) 남근기(phallic stage: 3~5세)-성기기

프로이트는 이 시기의 리비도는 성기부위에 집중된다고 하고 남근기로 이름 붙였으나, 이후 후기 프로이트학파는 성 평등 사상에 맞지 않는다고 하여 남근기를 성기기, 5단계의 성기기를 생식기로 바꾸었다.

이 시기는 리비도가 성기에 집중이 된다. 이 시기의 유아는 남자아이든 여자아이든 우선적으로는 엄마를 더 좋아한다. 그러나 리비도는 반대성의 부모 쪽으로 향하면서 남아는 엄마를(오이디푸스컴플렉스), 여아는 아빠를(엘렉트라 콤플렉스) 좋아하게 된다. 자신이 동성의 부모를 좋아하는 것을 알면 또 다른 부모가 싫어하고 미워할 것이라는 생각에 같은 성의 부모를 동일시하게 되면서 남아는 남자로 여아는 여자로서의 성역할 정체감을 갖게 된다. 또한 부모의 가치, 규범, 도덕 등을 내면화하게 된다.

이 시기에 잘 발달이 되면 성 정체감의 기초가 튼튼해지고, 건전한 의미의 호기심을 갖게 되며, 이후 학업이나 성취에 큰 도움을 준다. 반대로 고착이 되면 성인이 되어 남자는 남성적인 것을 지나치게 강조하는 공격적 성욕과 업무 능력에 대한 과도한 갈망을 하거나, 그렇지 않은 경우 성적, 직업적 무능으로 이어진다. 여자의 경우 성관계로 이어지지 않는 바람기 있고 유혹적인 행동을 보인다.

(4) 잠복기(latency period: 5~12세)

이 시기는 앞의 세 단계의 스트레스가 지나가고 성격의 3구조가 형성되면서 조용한 휴식의 기간을 보내게 된다. 이 기간 동안 사회화가 일어나고 아동은 더 넓은 세계에 흥미를 가지게 된다. 리비도는 많은 부분 학교에서의 활동, 취미, 운동, 동성 친구들과의 우정으로 승화된다. 자기애 혹은 내적이고 자기중심적인 집착이 특징으로 나타나고, 중기 아동기 동안 다른 사람과의 관계를 위해 밖으로 향한다. 내적 세계뿐만 아니라 외부세계의 사물에도 관심을 가지는데, 이 시기는 사춘기가 시작될 때까지 계속된다.

(5) 성기기(genital stage: 12~18세)–생식기

이 시기는 잠복되었던 리비도가 무의식에서 의식 세계로 나오는 시기이다. 이 단계는 심한 생리적 변화가 특징이며 억압되었던 성적 감정이 크게 강화되면서 성적, 공격적 충동이 자아와 자아의 방어를 압도할 정도로 강해진다. 그리하여 남자아이는 어머니를, 여자아이는 아버지를 극도로 증오하기도 하고, 선생님과 같은 다른 대상으로 전이되기도 한다. 앞의 단계에서 고착이 되지 않았다면 가족의 울타리를 넘어선 이성 간의 사랑이 자연스럽게 이루어질 수 있다.

이 시기에 원초아가 우세할 때는 지나치게 쾌락추구에 몰두해서 사춘기 특유의 공격성, 야수성, 범죄행동이 왕성해진다. 반대로 초자아가 너무 표면화되면 불안이 심해지고 금욕주의, 지성화의 경향이 강해져서 원초아를 억제하고 자아를 방어하려고 한다.

이성에 대한 성적욕구는 독서, 운동, 자원봉사 같은 대체 활동으로 승화되기도 한다.

4) 자아 방어기제

자아가 원초아와 초자아를 다루지 못하면 불안이 생긴다. 이 위기에 처한 자아를 보호하기 위해 무의식적으로 사용하는 사고나 행동수단을 방어기제라고 한다. 방어기제는 대개 대인관계에서 발동하는 기제로서 대인관계가 힘들면 불편한 상황을 회피하거나 도망치려고 방어에 의존하게 된다.

(1) 억압

사건이나 경험이 의식하기에 너무나 고통스럽고 충격적이어서 무의식 속으로 억눌러 버리는 것을 말한다. 억압은 다른 방어기제나 신경증적 증상의 기초가 된다. 과거의 성폭력이나 아동학대, 수치심, 죄의식 등의 경험을 의식하게 되면 너무 고통스럽기 때문에 기억하지 못하는 경우이다.

(2) 부인

고통스러운 현실을 수용하기가 힘들어서 그것을 인정하지 않고 회피함으로써 현실에서 그런 일이 일어나지 않았다고 생각하는 것이다. 전사했다는 통지서를 받아든 어머니가 아들의 죽음을 믿지 못하고 계속해서 저녁밥을 떠놓는다거나, 유아가 유괴당한지 오래되었는데도 아이방을 몇 년째 그대로 두고 있는 경우이다.

(3) 퇴행

현재의 스트레스나 좌절을 직면하여 해결하기보다 덜 불안하고 책임이 적었던 어린 시기의 행동으로 후퇴하는 것이다. 동생이 태어나 부모의 사랑을 빼앗긴 형이 누워서 우유병을 빨거나 '응애, 응애'하면서 아기소리를 내는 것을 말한다. 즉, 현재 발달단계에 맞는 행동이 아니라 이전 단계의 행동을 보이는 것이다.

(4) 치환, 전치, 전위

스트레스를 받은 대상에게 직접적으로 표현하지 못하고 보다 덜 위협적이고 안전한 대상에게 자신의 감정을 발산하는 것을 말한다. 부모에게 혼난 아동이 강아지를 걷어찬다거나 놀잇감을 집어던지는 행동을 하는 경우에 해당된다.

(5) 반동형성

수용할 수 없는 무의식적 소망이나 충동을 억압하고 그것에 대한 감정을 실제와는 반대로 나타내는 것을 말한다. 새로 태어난 동생에게 부모의 관심을 빼앗긴 아동이 자신의 적대감을 억압하고 지나치게 긍정적 표현으로 대치하는 것이다. 즉, 동생을 다칠 정도로 심하게 껴안으면서 '죽도록 사랑해'라고 말하는 경우이다.

(6) 합리화

실제상의 이유를 인정하기에는 너무 고통스러워서 자기 행동에 대한 그럴 듯한 이유나 변명을 붙이는 방법을 말한다. 그렇게 하면 나의 자존감이 상처받지 않고 유지될 수 있기 때문이다. 예를 들어, 유명한 유치원에 지원 서류를 넣었는데 떨어졌을 경우 실제로는 그곳에 가고 싶지 않았다고 생각하거나 자기 같은 사람을 떨어뜨린 그곳은 사람 볼 줄 모르는 곳이라고 치부해 버리는 것을 말한다.

(7) 승화

사회적으로 용납할 수 없는 성적인 충동, 공격적 충동을 사회적으로 용인되는 형태로 바꾸어서 해소하는 것이 승화이다. 성적인 본능을 문화, 예술로 표현하는 것으로 대체하는 것을 예로 들 수 있다.

(8) 투사

자신이 받아들이기 어려운 느낌, 생각, 충동 등이 타인이 소유하고 있는 것처럼 생각하고 행동하는 것이다. 자기가 화가 나 있는 것은 의식하지 못하고 상대방이 자기에게 화를 냈다고 생각하는 것이 그 예이다.

3 심리적 증상의 발생과정

1) 심리적 문제의 발생과정

이와 같이 자아가 불안을 다루지 못할 때 방어기제를 사용하여 긴장과 불안으로부터 벗어날 수 있게 된다. 그러나 방어기제로도 다룰 수 없을 정도의 큰 불안을 접하게 되면 자아는 최후의 방어수단을 동원하게 된다. 그것이 바로 심리적인 증상이다. 이 심리적인 증상도 무의식 수준에서 작동된다. 엄마 아빠가 이혼을 하면서 서로 아이를 데려가겠다고 하며 아이에게 누구랑 살고 싶은지를 묻고 있다. 아이의 입장에서 이 갈등 상황을 벗어나는 방법은 무엇일까? 한 가지 방법은 아이가 아파버리는 것이다. 아이에게 있어서 신체적인 증상은 부모 중 한 사람을 고르라는 고통스런 상황에서 자신을 보호하는 좋은 수단이 된다. 심리적 증상 그 자체가 크나큰 고통을 주기는 하지만, 부모가 헤어지는 고통에 비하면 차라리 낫기 때문이다. 이것은 무의식적인 작용이다.

2) 증상의 의미

심리적인 증상은 내담자의 입장에서 언제나 옳다. 위 아동의 경우 신체적 증상은 내부에 자리잡고 있는 무의식적 갈등에 대해서 아동 스스로가 찾아낸 최선의 해결책이다. 아프지 않고서는 그 상황을 이겨낼 수가 없다. 또한 이 증상을 통해 아동은 이차적인 이득을 얻게 되는데, 다투느라 관심조차 없던 부모가 아이에게 관심을 갖게 되고 아이는 보살핌을 받게 되는 것이다.

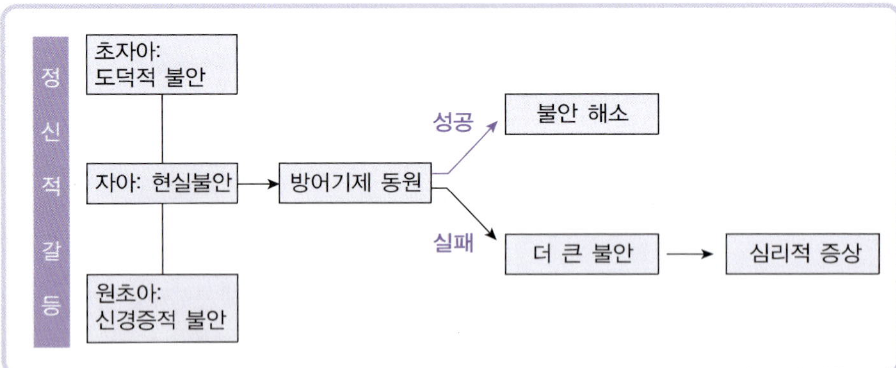

심리적 증상의 발생과정

4 상담과정과 기법

1) 상담목표

무의식적인 억압이나 정신적인 갈등이 해소되지 못하면 심리적 증상으로 이어져서 성격장애, 신경증, 정신병으로 나타난다. 따라서 정신분석적 상담의 목표는 다음과 같다.

첫째, 무의식적인 정신적 갈등을 의식화시켜서 성격을 재구조화하는 것이다. 상담자는 내담자의 무의식적 갈등과 불안을 표현하게 하고 자각시켜 무의식적인 내용을 의식수준으로 끌어올리게 한다. 그런 다음 어린 시절의 경험들을 재구성하고, 논의하고, 해석하며, 분석한다. 즉, 더 이상 무의식이 왜곡된 방식으로 현실에 영향을 미치지 못하게 하는 것이다(김청자 외, 2015).

둘째, 의식화된 부분을 일상생활에서 제대로 기능하고 적응할 수 있도록 자아의 기능을 강화시키는 것이다. 강화된 자아로 하여금 충동적이고 비합리적인 원초아를 효과적으로 통제할 수 있도록 하고 지나친 금욕주의와 지성화의 초자아를 현실에 바탕을 둘 수 있도록 조절하는 것이다.

2) 상담과정

(1) 초기단계

상담자와 내담자가 신뢰관계를 형성하고 내담자의 마음속에 떠오르는 것은 무엇이든지 말하게 하고, 내담자의 무의식적 자료들을 통해 내담자의 문제를 드러내게 한다. 이때 상담자는 지금까지 내담자를 살아오게 한 건강한 부분과 상담자의 전문적 치료기법으로 손을 잡고 내담자의 문제를 다루게 되는데, 이를 치료동맹이라 한다.

(2) 중기단계

치료동맹이 맺어지게 되면 내담자는 자신의 무의식적 갈등을 표출하게 된다. 내담자는 과거 부모나 양육자에 대해 가지고 있던 욕구와 감정들을 상담자에게 느끼게 되는데, 이를 전이라고 한다. 상담자는 관찰자로서 중립적인 태도를 취하면서 내담자의 전이와 현재 문제를 관련하여 해석을 해주고 내담자로 하여금 통찰이 일어나게 한다. 상담자의 해석에 대해 내담자는 자신의 모습을 들킨 것 같아 부끄러움과 창피함으로 이후의 상담에 저항을 하게 된다. 저항은 상담에 늦거나 연락 없이 안온다거나, 상담에 적극적이지 않은 태도 등으로 나타난다. 상담자는 저항에 대해서도 다루어주게 된다.

(3) 종결단계

내담자의 통찰은 지금까지의 자기의 행동에 대한 자각이 일어나고 실생활의 변화로 이어진다. 실제 생활 속에서 통찰을 반복적으로 적용하고 시도함으로써 자신의 문제와 갈등을 점진적으로 개선해 나가게 된다. 이것을 훈습이라 한다. 전이와 내담자의 문제가 분석되어 내담자의 호소문제가 해결되었다면 상담은 종결된다.

3) 상담기법

(1) 자유연상

내담자에게 떠오르는 것은 무엇이든지 다 이야기하도록 하는 것이다. 상담자는 비판단적인 입장을 취하면서 내담자가 내놓은 기억의 파편들의 이면에 대해서 전문성을 가지고 듣게 된다. 내담자는 자유연상을 통해 과거를 회상하면서 과거에 느꼈던 여러 가지 감정을 발산한다. 이 과정을 통해 상담자는 내담자의 증상이 무의식적으로 어떤 의미를 가지는지를 이해하게 된다.

(2) 꿈의 분석

꿈은 억압된 무의식적인 자료들이 상징화되어 나타난다고 본다. 잠을 잘 때에는 방어기제가 약화되어 억압된 내용들이 꿈을 통해 의식표면에 떠오른다. 상담자는 내담자의 꿈의 내용에 대해 자유연상을 하도록 하고, 그것에 대한 감정과 상징들이 무엇을 의미하는지 해석하고 통찰을 얻게 한다.

(3) 전이의 해석

전이는 내담자에게 과거 의미있고 중요한 사람들에게 느꼈던 감정을 상담자에게 동일하게 느끼는 것을 말한다. 전이는 두 가지 왜곡과 착각이 담겨있다. 그것은 시점과 대상의 왜곡이다. 내담자가 상담자에게 느끼는 감정은 과거에 경험한 감정의 재현이고 내담자의 삶속에서 중요한 의미를 지닌 인물에게 향한 감정이다. 이러한 왜곡에 대해 내담자가 더 이상 과거에 살지 않고 현재에 살도록 하며, 현실 속에서 만나는 사람 자체에 대한 진실한 감정을 느끼고 소유할 수 있도록 한다. 즉, 상담자에게 전이되는 감정의 실제와 환상 사이를 구별하도록 돕는다.

(4) 저항의 해석

내담자가 자신의 무의식의 내용들을 인식한다는 것은 고통스러운 과정이다. 정신분석과정에서 내담자는 자신의 내면이 들킨 것 같아서 창피하고 부끄러운 감정을 느끼게 된다. 상담을 하러 가면 그러한 작업에 또 맞닥뜨리게 되는 것이 겁이 나고 두려워서 도망을 가게 된다. 이것을 저항이라고 한다. 저항은 정해진 시간에 오지 않는다거나, 지각을 하거나, 의미 없는 내용만 말하거나 중요한 내용을 빠뜨리고 사소한 이야기를 하는 등 상담에 적극적이지 않은 태도를 말한다. 상담자는 내담자의 저항의 의미를 이해하고 적절히 해석해 주면서 내담자의 협조를 이끌어 내도록 해야 한다.

(5) 해석

해석은 정신분석에서 상담자의 전문성이 가장 많이 요구되는 기법이다. 내담자의 자유연상, 꿈, 전이, 저항 등의 의미를 내담자에게 직면시키고 설명하며 가르치는 것을 말한다. 그 외에 내담자의 연상이나 정신작용 중 명확하지 않은 부분에 대해서 정신분석적 설명을 해주는 것이다. 해석을 통해 내담자는 이전에 몰랐던 무의식적 내용들을 의식화하게 되면서 자신을 이해하고 수용하게 된다. 해석은 내담자가 받아들일 준비가 되어 있을 때 하는 것이 좋다. 주로 상담 중기 후반이나 종결단계에서 사용된다.

Chapter 05

행동주의상담

1. 인간에 대한 관점
2. 주요 개념
3. 문제행동의 발생과정
4. 상담과정과 기법

제5장

행동주의상담

행동주의는 행동수정, 행동치료라고도 한다. 1920년대부터 학습의 원리가 일부 행동치료에 적용되기 시작하여 1930년대와 1940년대에 정신분석이론을 비판하며 행동주의가 태동되었다. 이후 1950년대와 1970년대 사이에 활발하게 상담에 적용되었다. 행동주의는 인간의 심리내적인 부분은 관찰할 수 없기 때문에 관찰과 측정이 가능한 행동에만 초점을 맞추고 실증적인 연구결과에 근거한 과학적인 방법으로 인간의 행동을 설명하고 해석한다. 행동주의 초기에는 인간행동은 자극과 반응의 연합, 강화, 반복에 의해 학습이 일어난다고 보았다. 그러나 이후에는 인간이 단순히 외부의 자극에만 반응하는 존재가 아니라 내적인 인지작용에 의해서도 행동하는 존재로 보고 있다. 행동주의에서 문제행동은 잘못 학습했거나 문제행동 외에 다른 대안적인 방법을 학습하지 않았기 때문이라고 본다. 따라서 행동주의상담은 바람직한 행동은 유지, 강화시키고 바람직하지 못한 행동은 제거하거나 감소시킨다는 행동주의 학습이론을 기본 원리로 한다. 대표적인 행동주의 학습원리로 파블로프의 고전적 조건형성과 스키너의 조작적 조건형성, 반두라의 관찰학습이론이 있다.

1 인간에 대한 관점

행동주의는 인간은 선하지도 악하지도 않은 존재로 태어난다고 본다. 초기 행동주의는 인간을 블랙박스에 비유하여 내적으로는 아무것도 없는 존재로서 오로지 환경에서 어떤 자극이 주어져야만 반응을 한다고 보았다. 그리고 생활환경 속에서 강화가 어떻게 주어지는지에 따라 행동하며 이렇게 학습된 긍정적, 부정적 습관이 행동으로 나타난다고 하였다. 초기 행동주의자들은 인간을 환경에 반응하는 수동적이고 기계론적인 존재라고 보았다면 후기행동주의는 인간을 화이트박스에 비유하여 유기체 스스로 환경을 창조하고 환경도 인간의 행동에 영향을 미친다고 보았다. 인간은 자기지도, 자기관리, 자기통제 등 자신의 행동을 스스로 수정할 수 있는 능력을 가진 존재라고 하였다. 즉, 인간은 자유와 의지로 자신의 삶을 선택할 수 있는 능동적인 존재임을 강조한다.

2 주요 개념

1) 고전적 조건형성

파블로프에 의해 진행된 개의 타액 분비에 대한 실험으로 학습의 원리를 설명하였다. 무조건자극과 조건자극이 연합이 되면 무조건적인 반응을 보였던 행동이 조건자극만 제시하더라도 같은 반응이 유발된다는 개념이다. 이 고전적 조건형성을 이용하여 왓슨(Watson)은 11개월된 앨버트를 대상으로 행한 실험을 통해 인간의 공포도 학습에 의한 것이라는 것을 보여주었다. 이처럼 고전적 조건형성 개념으로 인간의 행동과 정서, 감정, 공포증의 형성 등 인간에게 있을 수 있는 다양한 현상에 대한 설명이 가능해졌다. 이후 공포반응을 소거시키는 울페(Wolpe)의 체계적 둔감법이나 반두라(Bandura)의 모방학습이론이 도입되어 행동치료기법으로 이어졌다.

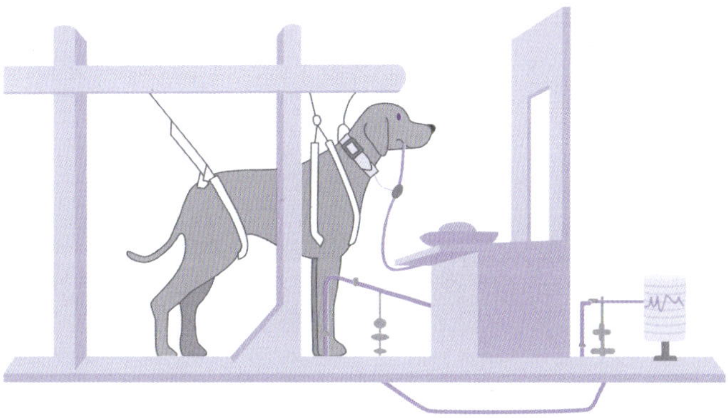

2) 조작적 조건형성

손다이크(Thorndike)는 고양이를 대상으로 퍼즐박스라는 실험용 상자를 통해 보상이 뒤따르는 행동은 증가하고 처벌이 주어지는 행동은 감소된다는 도구적 조건형성 개념을 설명하였다. 이후 스키너는 손다이크의 이론을 좀 더 구체화하여 스키너박스 실험을 통해 우연한 행동 뒤에 보상이 연합되는 조작적 조건형성이론을 주장하였다. 조작적 조건형성은 유기체의 의지가 반영이 되느냐 되지 않느냐에 있다. 자발적으로 한 행동에 강화를 받느냐 벌이 주어지느냐에 따라 그 행동이 증가하거나 감소한다. 즉, 사람들은 어떤 행동에 대해 보상이 주어지면 그 행동을 계속하고 반대로 아무런 보상이 없거나 처벌을 받게 되면 그 행동을 중단하거나 하지 않으려 한다.

3) 관찰학습이론

반두라(Bandura)의 관찰학습이론을 모방학습 또는 사회학습이라고도 한다. 반두라는 타인의 행동을 관찰하는 것만으로도 학습이 일어난다고 보았다. 인간은 타인의 행동을 관찰하면서 사회적으로 용인되는 행동은 모방을 하고 처벌받는 행동은 억제하는 반응을 보인다. 반두라는 인간의 인지적 기능을 강조하여 직접경험 또는 관찰을 통해서 행동을 학습한다고 보았다.

3 문제행동의 발생과정

문제행동이 어떻게 형성되고 유지되는지는 정상행동과 동일한 과정을 거친다고 본다. 행동이란 적절하든 부적절하든 아동이 몸담고 있는 환경과 그 환경 속에서 다른 사람들과 상호작용을 하면서 반응을 하고 행동하는 방법을 학습하게 된다. 어떤 행동을 배우게 되는 것은 직접적이든 간접적(관찰학습)이든 반복적이면서 지속적인 상황에 놓이게 되면 거기에서 학습이 일어나게 된다. 그리고 다른 사람들이 아동의 행동에 대해 어떻게 반응하는지를 보면서 학습이 일어난다.

적절한 행동에 대해 강화를 받게 되면 그 행동을 계속하게 된다. 반대로 문제행동도 강화를 받게 되면 그 행동을 유지하게 된다. 이 두 행동 모두 강화가 더 이상 주어지지 않으면 사라지게 된다.

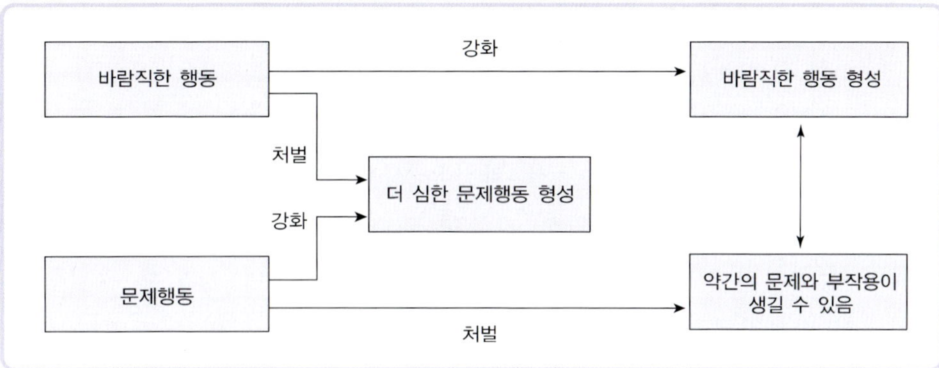

문제행동의 발생과정

4 상담과정과 기법

1) 상담목표

상담의 목표는 내담자의 문제행동을 제거시키고 바람직한 행동으로 바꾸는 것 또는 새로운 기술을 습득시켜서 내담자가 잘 적응할 수 있도록 도와주는 것이다. 그리고 내담자의 바람직하지 못한 행동을 하게 만드는 강화 요인이 무엇인지 찾아서 제거하고, 바람직한 행동을 재학습시키는 것을 목표로 한다.

2) 상담과정

(1) 문제행동의 규정

문제행동이 무엇인지 서술적인 용어로 정의한다. 행동에 대한 정의는 명료하고 구체적이어야 하며 이해하기 쉬워야 한다.

(2) 기초선 관찰

현재의 문재행동의 상태나 수준이 어떤지 파악하는 것을 기초선 관찰이라 한다. 문제행동이 얼마나 빈번하게, 얼마나 지속적으로 일어나는지를 측정하는 것이다. 기초선 관찰은 상담의 중간 즈음이나 종료 후 상담의 효과를 확인하기 위한 기준이 된다. 변화시키고자 하는 문제행동이 정해지면 3일에서 일주일간 문제행동의 빈도나 강도를 관찰한다. 기초선 관찰자료는 상담 종결 후 상담 전후의 진전 상황을 파악하는 데 유용한 자료이다. 또한 관찰해서 기록한 자료들을 잘 살펴보면 문제행동의 원인과 내용도 파악하기가 쉽다.

(3) 상담목표의 설정 및 강화물 선정

기초선 관찰을 통해 현재의 문제행동의 상태를 파악했으면 그 행동을 어느 수준까지 변화시킬지를 결정해야 한다. 이때 행동의 빈도나 지속시간으로 상담목표를 설정할 수 있다. 상담의 목표는 관찰 가능하고 측정이 가능한 행동으로 진술한다. 예를 들어, 지나치게 비만인 아동의 경우 '1달 동안 3kg 빼기'를 목표로 설정할 수 있다. 또한 문제행동을 제거하기 위해 적절한 강화물을 선택해야 한다. 강화물은 유아가 좋아하는 것으로 선택하는 것이 좋다. 강화물은 물질적인 것, 신체적인 것, 먹는 것, 언어적인 것 등이 해당된다.

(4) 프로그램 처치

새로운 행동을 조성시키기 위해 행동주의의 모든 상담기법을 다 사용할 수 있다. 문제행동에 대한 적절한 상담기법을 선택한 뒤 실제 행동에 적용한다.

(5) 평가 및 추후지도

문제행동이 수정되었다는 판단이 들면 문제행동을 3일 정도 관찰하고 기초선 관찰행동과 비교하여 평가한다. 평가를 통해 프로그램을 더 진행해야 할지, 종결을 해야 할지를 결정한다. 수치상으로 확연히 문제행동이 감소되었다면 상담을 종결한다. 종결 후 새로운 행동이 지속되고 있는지 관심을 가지고 추후지도를 해나간다. 간헐적으로 강화를 주거나 2주 후에 다시 한 번 점검하고 종결을 한다.

3) 상담기법

(1) 체계적 둔감법

공포나 불안을 제거하는 데 쓰이는 기법이다. 불안의 정도에 따라 불안 위계목록을 정한 뒤 가장 낮은 단계의 장면부터 심상화시킨다. 그리고 근육이완 훈련을 통해 내담자가 이완 상태에 도달하면 가장 낮은 단계의 불안부터 높은 수준의 불안까지 단계적으로 장면을 묘사하거나 실제 상황에 점진적으로 노출시킨다. 최대의 불안위계에서 이완 상태에 머무를 수 있으면 상담이 끝나게 된다.

(2) 자극포화법

낮은 단계의 불안부터 시작하는 체계적 둔감법과는 달리 가장 높은 불안에 반복적이고 지속적으로 노출시키는 것을 말한다. 높은 불안에 계속 노출되다 보면 그 자극에 무덤덤해지게 된다. 그러나 이 방법은 내담자가 이겨낼 수 있는 정신적인 수준과 상태에 맞게 적용해야 하므로 주의를 요한다. 잘못 사용하면 역효과로 자칫 그 행동을 영원히 못하게 될 수도 있으므로 전문적인 훈련을 받은 사람이 실시하도록 한다.

(3) 자기표현훈련

대인관계에서 어려움이 있는 경우 자기표현훈련이 요구된다. 대체로 타인의 시선을 의식하거나 남들의 평가를 두려워하는 사람들에게서 나타난다. 또한 거절에 어려움이 있거나 남에게 이용만 당하거나, 자신의 감정, 사고, 신념들을 표현해서는 안 된다고 느끼는 사람들에게 효과적인 방법이다. 내담자의 잘못된 신념들에 대해 점검하고 상담자와 내담자가 역할놀이(role play)를 통해 연습을 하고 실제 생활에 적용하도록 하는 방법이다.

(4) 역조건화

약한 혐오자극을 강하고 좋은 자극과 연합을 시켜서 혐오자극에 대한 불안을 이겨내는 것을 말한다. 유아가 애완견에 대해 무서움을 느낄 때 제일 좋아하는 과자를 주는 방법이다.

(5) 혐오자극

전기충격이나 구토제(금연초) 같은 해롭고 혐오적인 자극을 짝지어서 바람직하지 못한 행동을 소거시키는 방법이다. 혐오자극은 처벌된 행동을 대처할 수 있는 바람직한 다른 행동을 강화해 줄 때 효과가 더 크다. 즉, 어떤 행동으로부터 얻는 작은 보상보다 더 고통스러운 자극을 주어 작은 보상을 극복하도록 한다. 예를 들어, 담배피고 싶은 생각이 들 때 구토제가 함유된 금연초를 피게 하거나 반복되는 괴로운 생각이 들 때 팔목에 찬 고무줄을 세게 당기게 하는 경우이다.

(6) 타임아웃

바람직하지 못한 행동을 했을 때 자극이 없는 장소에 잠시 격리를 시

킴으로써 정적 강화의 기회를 박탈하여 그 행동의 빈도를 줄이거나 없애는 방법이다. 주로 영유아에게 효과적이며 물리적 체벌을 동반하지 않아 훈육에 대한 부작용이 상대적으로 적다고 알려져 있다. 주로 분노를 가라앉히거나 생각하는 시간을 갖게 하는 데 쓰인다.

(7) 반응대가

반응대가란 자신이 잘못된 반응(문제행동)을 한 것에 대해 대가를 치르는 것을 말한다. 문제행동에 대해 아동이 좋아하는 것을 제거하는 절차이다. 이미 지니고 있는 강화물이나 주어진 권리를 박탈하는 것 등이 여기에 속한다. 타임아웃과 마찬가지로 일종의 부적 벌에 해당된다. 예를 들어, 아이가 문제행동을 할 때마다 지니고 있는 스티커 한 장을 반납하게 하거나 컴퓨터 게임시간을 줄이는 방법 등을 예로 들 수 있다.

(8) 토큰 강화(token economics)

토큰 경제 또는 토큰 교환이라고도 한다. 토큰을 이용하여 바람직한 행동을 보일 때마다 토큰을 하나씩 주고 일정 개수가 모이게 되면 보다 큰 강화물로 교환해 주는 것이다. 토큰으로 쓰이는 물품은 포인트, 쿠폰, 별표, 스티커, 스탬프, 칩 등을 활용할 수 있다.

(9) 행동계약

행동계약이란 상담자와 내담자가 함께 어떤 행동목표를 정하고 내담자가 그런 행동을 실천하겠다고 서약하는 것을 말한다. 유아는 바람직한 행동을 실천한다는 서약과 교사는 거기에 합당한 보상을 준다는 것으로 교사와 유아 양자 간에 합의된 계약서를 쓰는 것이다. 자살시도 경험이 있는 내담자가 상담자와 자살하지 않겠다는 서약서를 쓰는 경우이다.

(10) 모델링

모방학습을 하나의 기법으로 활용하여 유아들이 어떤 모델을 관찰하여 그 모델의 행동을 모방하도록 함으로써 시행착오 없이 그대로 해낼 수 있도록 하는 것이다. 예를 들어, 아이들에게 차례로 발표를 시키려 할 때 목소리도 크고, 논리적으로 표현하는 아동을 먼저 발표를 시키는 것이다. 이후 다른 아동들도 그대로 따라하려고 노력하게 된다. 모델링은 학습자가 동일시 할 수 있는 대상일 때 더 성공적이다.

(11) 행동연습

상담 중에 내담자에게 새로운 행동을 가르치고 그 행동을 연습하는 것을 말한다. 연습을 하면서 상담자는 강화를 해주고 내담자의 행동에 대해 비판적인 피드백과 적절한 지원을 해준다. 예를 들어, 놀이활동에 어울리지 못하는 유아가 놀이에 참여하고 싶다는 말을 연습하게 하거나 길에서 불량배를 만났을 때 대처하는 방법 등이 해당된다.

(12) 과잉교정

과잉교정이란 문제행동을 할 때마다 그 행동을 더 하게 만들어서 문제행동을 고치는 것을 말한다. 과잉교정은 적극적 연습과 원상복귀 두 가지 방법이 있다. 적극적 연습은 문제행동에 대한 바람직한 행동을 여러 번 반복하게 하는 것이다. 예를 들어 인사를 잘 하지 않는 아동에게 인사하는 동작을 수십 차례 반복시킨다. 원상복귀란 문제행동으로 인한 환경훼손, 혼란스러운 상황 등에 대해 원래 상태로 되돌려 놓거나 더 나은 상태로 복귀시키는 절차이다. 예를 들어 물장난으로 방에 물이 홍

건할 때 걸레로 물을 닦도록 하는 것이다.

(13) 포만

포만이란 바람직하지 못한 행동을 할 때 그 행동을 질릴 정도로 계속하게 만드는 것이다. 포만은 문제행동이 내담자에게 강화를 주는 요인일 경우 그 행동의 만족감이 반복을 통해서 피로감, 고통으로 바뀌도록 하는 기법이다. 예를 들어, 화장실의 두루마리 휴지를 뽑으면서 재미있어 하는 유아에게 질리도록 뽑게 만들어서 행동을 고치는 것을 말한다. 그러나 포만은 경우에 따라 육체적으로나 정서적으로 해로울 수 있으므로 주의해서 사용해야 하고 전문가에 의해서 시행하도록 한다.

(14) 행동형성

바람직한 행동을 여러 단계로 나누어 각 단계를 수행할 때마다 강화를 해주어 점진적으로 바람직한 행동에 접근하도록 유도하는 기법이다. 예를 들어, 선택적 함묵증의 유아에게 상담 초기에 상담자와 함께 몸짓과 소리를 모방할 때 강화를 해준다. 수행을 잘 하면 다음 단계인 속삭이는 행동, 그 다음 단계는 단순한 문장 → 복잡한 문장 → 혼자 있을 때 → 가족 앞에서 → 유치원의 반 친구들 앞에서 이야기할 수 있는 수준까지 각 단계마다 강화를 해주어 이야기할 수 있게 만드는 것이다.

Chapter 06

인간중심상담

1. 인간에 대한 관점
2. 주요 개념
3. 심리적 증상의 형성과정
4. 상담과정과 기법

제6장

인간중심상담

Carl Rogers
(1902~1987)

인간중심상담은 1930~1940년대에 미국의 심리학자인 칼 로저스에 의해 확립된 이론이다. 인간중심상담은 20세기 중반 심리학의 두 세력인 정신분석과 행동주의를 비판하면서 등장하였다. 즉, 정신분석이 인간의 본능적 욕구를 지나치게 강조하고 인간을 결정론적인 존재로 보는 것 그리고 지시적인 접근방법을 취하는 것에 대해 반기를 들었다. 그리고 행동주의이론이 인간의 행동을 자극과 반응으로 지나치게 단순화시키고 있는 것에 대해 비판하였다. 인간중심상담은 심리학의 제3세력이라고 한다.

인간중심상담이론은 유럽의 실존주의와 현상학을 기본 배경으로 하고 있다. 실존주의는 인간을 긍정적이고 건설적이며 의식적으로 선택을 하는 존재로 본다. 또한 인간의 자유, 선택, 개인의 책임능력을 강조한다. 현상학은 개인의 지각과 의미, 주관적 경험의 장(인간의 의식)을 강조하는데 인간은 객관적 환경이 아니라 주관적 환경에 반응하는 존재로 본다. 이 두 철학적 배경을 바탕으로 인간중심상담은 인간은 형성(becoming)되어가는 존재로 보고 인간의 성장과 변화가능성을 중요하게 여겼다. 또한 사람들은 주어진 현실을 각기 다르게 지각하고, 각각의 주관적인 경험이 행동을 지배한다고 보았다. 즉, 사람은 외부현실보다는(객관적 환경) 오히려 내부적인 경험(주관적 환경)에 의해 이끌어진다고 보고 행동의 동인은 개인의 내부에 존재한다고 하였다.

인간중심상담 초기에는 정신분석의 지시적 접근과 대별해서 '비지시적 상담이론'으로 부르다가 상담자중심치료와 대비해서 '내담자중심치료'로 불리웠다. 1974년부터는 '내담자중심'이라는 용어 대신 '인간중심상담'이라는 표현으로 바꾸었다. 이는 도움을 받으러 온 내담자를 상담자와 차이를 두는 관계가 아니라 평등한 인간관계라는 것을 강조하기 위한 것이다.

1 인간에 대한 관점

인간중심상담에서의 인간은 선천적으로 자기의 존재를 완성하려는 잠재적인 능력과 가능성을 가지고 태어난다고 본다. 살아가는 과정에서 한순간 삶의 방향을 잃고 좌절을 겪을 때 그것은 가능성이나 잠재력이 부족해서 그런 것이 아니다. 단지 그런 능력이 가려졌을 뿐이며 자신의 성장 가능성을 발견하지 못하고 자신을 제대로 실현하지 못했기 때문이다. 인간은 자신의 인생목표, 행동 방향을 스스로 결정하고 책임을 질 수 있는 자유로운 존재이며, 스스로 자기를 통제하고 조절하는 능력을 지니고 있다고 본다. 인간이 선천적으로 악하거나 무능하거나 무가치하다고 보지 않기 때문에 인간중심상담이론에서는 사람들이 자신에 대해 이러한 점을 깨닫도록 도와 성장할 기회를 갖도록 하는 것이다. 자양분이 풍부한 토양에 뿌려진 씨앗이 자연 속에서 저절로 잘 자라듯이, 사람도 강제하거나 강요하지 않아도 자기 스스로 자기의 인생을 완성해 나가며 항상 노력하고 도전하면서 어려움을 극복하고 성장해 간다는 것이다.

2 주요 개념

1) 성격의 구성

로저스는 인간의 성격을 현재 나타내는 성격 특성의 원인보다는 성격의 변화과정에 초점을 맞추었다. 한 개인에게 주어진 조건들에 의해서 성격이 변화한다고 보았다. 로저스는 인간의 성격을 유기체, 자기(self), 현상적 장이라는 세 가지 요소로 설명하고 있다.

(1) 유기체

전체로서의 인간(total person)을 지칭하는 것으로 개인의 사고, 행동, 신체적 기능 모두를 포함하는 통합적 조직체계를 유기체라고 한다. 유아는 외부의 자극이 있을 때 신체적인 것만 반응하는 것이 아니라 사고, 정서, 행동 등 전체적으로 반응을 한다. 로저스는 이것을 유기체적 경험이라고 하였다. 생후 초기부터 유아는 환경과 상호작용하면서 유기체적인 경험을 하게 된다.

(2) 자기

유기체로서의 유아는 성장하고 발달함에 따라 유기체적인 경험을 '소유'하기 시작한다. 이러한 경험을 통해 유아는 자신이 속해 있는 환경과 다른 사람들 속에서 자기 자신의 존재와 기능에 대한 자각이 발달하게 된다. 또한 환경 속에서 다른 중요한 경험들과 상호작용을 함으로써 자기감(sense of self)을 획득하게 되고 자기에 대한 개념도 발달하게 된다.

(3) 현상적 장

유기체가 경험하고 지각한 것의 전체가 현상적 장으로 구성이 된다. 현상적 장은 개인의 사적이면서 주관적인 경험의 세계이다. 개인이 외부의 현실을 지각할 때 객관적 현실이 아닌 자신의 현상적 장에 입각해서 그 현실에 반응을 한다. 즉, 자신만의 내적인 준거체계에 입각해서 세상을 바라본다. 여기서 개인에게 중요한 것은 어떤 실제적인 현상이나 사실이 아니라 그것을 어떻게 지각하는가 하는 점이다. 따라서 개인이 행동하는 방식은 외적 현실이 아니라 자신만의 내적준거체계인 현상적 장에 의존한다. 그러므로 상담에서 상대방의 현상적 장을 볼 수 있어야 그를 이해하고 공감할 수 있다.

2) 긍정적 존중의 욕구

유아는 자신을 자각하기 시작하면서 남들로부터 긍정적 존중을 받으려는 욕구가 발달한다. 긍정적 존중의 욕구는 가족, 친구, 중요한 타인에게서 인정받으려는 욕구이다. 이 욕구의 만족은 타인과의 경험에 대해 개인이 어떻게 지각하는가에 달려 있다. 개인의 긍정적 존중은 자신이 타인의 욕구를 만족시킨다고 지각할 때 이루어지는데, 긍정적인 존중에 대한 욕구가 만족되거나 좌절되는 경험을 통해 인간은 자기존중감을 발달시킨다. 이것은 다른 사람들로부터 받은 존중에 대한 자신의 지각에 근거한다.

3) 실현경향성

모든 유기체는 자신을 보존하고 향상시키기 위해 자신의 모든 가능성과 잠재력을 실현하려는 경향성을 가지고 태어난다. 이렇게 유기체를 완성하려고 하는 선천적인 경향성을 실현경향성이라 한다. 기본적인 실현경향성은 자율성을 향한 발달이며 인간의 유일하고도 근본적인 동기원이다.

4) 자기실현경향성

유기체에서 자기(self)가 출현하면서 자기를 보존하고 향상시키려는 경향성이 나타난다. 이것을 자기실현경향성이라고 한다. 자기실현경향성은 유기체가 자신에 관한 의식적인 차원에서의 자기개념과 일치하는 방식으로 행위를 하도록 하는 압력이라고 할 수 있다. 실현경향성은 유기체가 원하는 것을 실현하는 것이므로 생득적이며 생물학적으로 결정이 된다. 자기실현경향성은 부모나 교사 등 타인들의 압력에 의해 실현하는 것으로 사회적 결정에 따른다고 볼 수 있다. 실현경향성과 자기실현경향성의 차이가 적을수록 건강하다.

5) 조건화된 가치(conditions of worth)

부모는 자신의 기준에 따라 유아의 행동을 평가한다. 부모 자신의 가치를 유아가 따르게 되면 유아를 존중해 주지만 그렇지 못할 경우 존중해 주지 않는다. 이때 유아는 부모의 평가에 따라서 자신의 행동을 가치있는 것과 가치없는 것으로 구분하게 된다. 유아가 성장하면서 자신의 유기체가 원하는 것일지라도 부모의 인정을 받지 못하게 되는 가치는 회피하게 된다. 유아는 어른들에 의해 주입된 가치체계를 내면화하게 되는데, 이것을 조건화된 가치라고 한다. 즉, 부모의 가치를 따르게 되면 부모가 나를 인정해 줄 것으로 안다. 조건화된 가치는 바로 어른들에 의해 부여된 것으로 유아는 자신도 의식하지 못하는 사이에 조건화된 가치에 길들여진다. 이렇게 조건화된 가치는 유아가 성장하면서 발달시키는 자기개념에 중요한 결정요인으로 작용한다. 특히 의미 있는 대상으로부터 주입된 조건화된 가치는 아동의 주관적 경험을 왜곡 또는 부정하기 때문에 유기체의 실현경향성 성취를 방해한다. 결국 유기체가 원하는 것과 현실에서 경험의 불일치를 가져오고 개방적 경험에 의한 성장을 방해하게 되어 불안, 갈등, 공포, 두려움과 같은 부정적인 정서를 유발시킨다.

6) 충분히 기능하는 사람(fully functioning person)

충분히 기능하는 사람은 자신의 유기체가 원하는 실현경향성을 이루기 위해 끊임없이 노력하며, 현실에서 어려움과 고통스러움에 직면해도 이를 극복하고 자신의 가능성과 잠재력을 실현하는 사람이다. 충분히 기능하는 사람은 타인에 의한 삶을 살거나 다른 사람처럼 되려고 하지 않는다. 진정한 자신이 되고자 하는 사람이다. 로저스는 충분히 기능하는 사람은 경험에 대한 개방성, 실존적 삶, 자신의 유기체에 대한 신뢰, 내적 자유로움, 창조적 삶 등 5가지의 특징을 가지고 있다고 하였다.

(1) 경험에 대한 개방성

충분히 기능하는 사람은 경험에 개방적이다. 경험에 개방적이라는 것은 유기체가 많은 경험에 노출된다는 의미가 아니라 어떠한 경험을 하던지 100%로 제대로 경험한다는 것을 의미한다.

(2) 실존적 삶

충분히 기능하는 사람은 과거에 얽매이지 않고 매순간 지금-여기에 충실하고 자기가 주인이 되는 실존적인 삶을 사는 것을 의미한다.

(3) 자신의 유기체에 대한 신뢰

충분히 기능하는 사람은 자신의 유기체가 원하는 것이 바로 자신을 위하는 것이라는 것을 믿고 그것을 실천하려는 사람이다. 또한 옳다고 느껴질 때 그렇게 행동한다.

(4) 내적 자유로움

충분히 기능하는 사람은 자기가 선택한 삶을 자유롭게 살아가려 하고 내적인 감정에 충실하다. 이러한 자유의 힘과 감정으로 자신이 원하는 것은 어느 것이나 실제적으로 행할 수 있다. 또한 자기 삶을 자신이 지배하는 것을 즐기며 그것이 일시적인 생각이나 환경 또는 과거의 사건들에 의해 결정되는 것이 아니라 바로 자기 자신에게 달려 있다고 믿는다.

(5) 창조적 삶

충분히 기능하는 사람은 틀에 박힌 삶이나 사회적, 문화적인 관습에 자신을 가두기보다는 모든 영역에서 독창적인 생활과 아이디어로 창조적인 삶을 살아간다.

3 심리적 증상의 형성과정

1) 자기실현경향성의 좌절

앞에서 유기체가 원하는 삶을 실현하고자 하는 욕구를 실현경향성이라 하고 외부의 경험으로 형성된 자기개념을 바탕으로 해서 살아가는 것을 자기실현경향성이라고 하였다. 자기실현경향성을 촉진시키는 과정에서 긍정적 평가를 받게 되면 긍정적 자기개념이, 부정적 평가를 받으면 부정적 자기개념이 형성된다. 자기개념이 부정적으로 형성될수록 자아방어적 행동을 하게 된다. 자아방어적 행동은 자신이 경험하는 것을 온전히 받아들이지 못하고 왜곡된 지각을 하게 되면서 부적응행동을 하게 된다.

2) 조건적 가치와 실현경향성의 충돌

자존감의 욕구를 충족시키기 위해서 부모의 가치를 자신의 것인양 받아들이고 내면화하는 조건적 가치는 진정한 자기 자신이 되기 위하여 노력하기보다는 타인의 기준에 부합시키려 노력하게 만들어 결국 자신을 발달시키거나 성장시키지 못하게 만든다. 이런 노력은 내적경험을 하지 못하도록 하기 때문에 자기 가능성과 잠재력을 발달시키지 못하게 하는 것은 물론 자기 소외까지 초래하는 부적응행동에 빠진다.

3) 자기개념과 경험의 불일치

이상적 자기는 개인이 가장 되고 싶은 자기 개념으로서, 자기에 대해 가장 높은 가치를 부여하는 것이다. 이상적 자기도 자기개념이다. 이 이상적 자기와 현재 자신이 경험하는 것 사이에 불일치가 생기면 불안을 느낀다. 이러한 불일치는 자신이라고 생각한 이상적 자기와 현재 느끼고 있는 현실적 자기 간에 괴리가 있을 때 일어나며 개인에게 위협으로 작용한다. 이러한 상태는 일종의 긴장과 혼란을 가져와 신경증적인 행동을 유발한다.

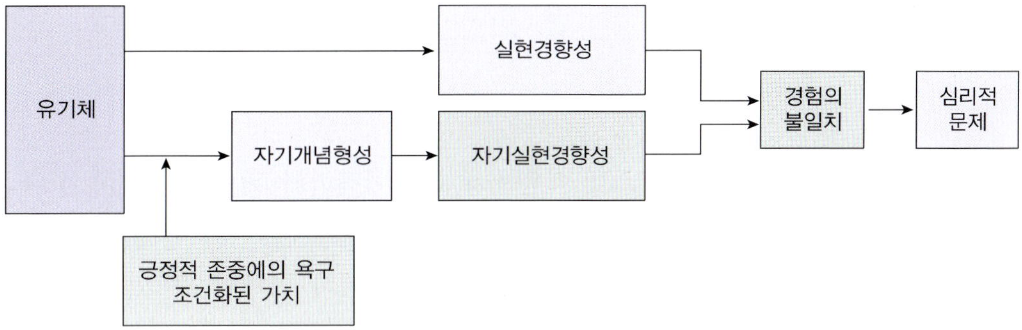

심리적 증상의 형성과정

4 상담과정과 기법

1) 상담목표

인간중심상담의 상담목표는 내담자의 자기개념과 유기체적 경험 간의 불일치를 제거하여 충분히 기능하는 사람이 되도록 도와주는 것이다. 또한 유기체의 실현경향성을 이루기 위해 자신의 가능성과 잠재력을 최대한 발휘할 수 있도록 한다. 다른 상담이론들은 내담자의 호소문제를 해결하는 데 초점을 맞추지만 인간중심상담은 현재의 문제해결뿐만 아니라 앞으로의 문제들을 해결할 수 있도록 심리적 성장과정 자체를 중요하게 여긴다. 이러한 목표에 내재된 기본 가정은 성장을 촉진할 수 있는 적절한 양육환경만 제공된다면 모든 유기체는 스스로 자신의 문제를 해결할 수 있는 능력을 가지고 있다는 믿음이다. 내담자들이 자신의 경험을 있는 그대로 수용할 수 있게 되면 심리적 문제는 저절로 해결될 수 있다. 또한 상담자는 내담자에게 아무런 조건화된 가치도 부여하지 않고 있는 그대로의 내담자를 존중하고 수용하게 되면 내담자의 조건화된 가치도 해체해 나가게 된다. 그러면서 유기체가 원하는 실현경향성을 이루게 된다.

2) 상담과정

상담자는 내담자의 내적 준거체계를 이해하기 위해 노력해야 한다. 내담자의 현상적 장을 통해 내담자가 자기와 세계를 어떻게 지각하는지 그리고 현재의 의식 내면에서 진행되는 경험과 접촉할 수 있도록 도와주는 것에 초점을 맞추어야 한다. 상담의 진행과정은 대체로 다음과 같다.

(1) 초기단계

상담 초기에는 상담자나 내담자 모두 서로에 대한 신뢰가 형성되지 않은 상태이기 때문에 상담자는 내담자를 무조건적인 존중과 수용을 해주고 공감적인 이해를 한다. 또한 내담자가 호소문제와 관련한 감정을 자유롭게 표현할 수 있도록 분위기를 조성하고 격려해준다. 상담자가 자신을 존중해 주고 있다는 것을 느끼게 되면 내담자는 점차 자기개방을 하게 된다.

(2) 중기단계

상담이 중기단계에 이르면 내담자는 더 많은 감정들과 경험을 표현하게 되고 자기문제를 객관적으로 인식하게 된다. 상담자는 내담자의 부정적, 긍정적 감정을 수용하고 인정하며 명확하게 해준다. 이런 과정을 통해서 내담자는 이전에 부인했던 감정들이 자신의 경험으로 인식되면서 진정한 자기가 되고자 하는 바람과 자신의 경험을 방어적 태도 없이 수용하게 되면서 스스로 해결책을 찾아가게 된다.

(3) 종결단계

내담자는 더욱 더 통합된 적극적인 행동을 하면서 현실을 왜곡 없이 받아들이게 되고 자신의 문제를 주체적으로 해결해 나갈 수 있는 힘이 생기게 된다. 상담자의 도움을 받을 필요가 점차로 없어진다고 느끼게 되면서 충분히 기능하는 사람으로 성장하게 되면 상담을 종결한다.

3) 상담기법

(1) 진솔성

진솔성이란 상담관계에서 내담자가 보여 준 것에 대해 상담자가 경험한 내담자에 대한 생각이나 느낌을 진솔하게 그대로 표현하는 것을 말한다. 상담자가 겉으로 표현하는 것과 내면에서의 경험이 일치하는 것으로 일치성이라고도 한다. 즉, 겉으로 느끼는 것과 속으로 느끼는 것이 다르지 않음을 얘기한다. 상담자가 내담자에 대해 느낀 것 중 긍정적인 것만 표현하고 부정적인 내용을 숨기게 되면 상담이 깊이 있게 들어가지 못하고 빙빙 겉돌게 된다. 상담자의 진솔성은 상담자의 인격적 성숙을 전제로 한다. 이를 위해서는 상담자 자신이 자기에 대한 이해와 수용이 온전히 이루어져야 한다. 또한 부정적 감정의 표현이 내담자의 성장에 도움이 되지 않는다면 의미가 없다. 따라서 내담자의 성장에 도움이 되는 방식으로 표현을 하는 것이 좋다. 예를 들어, 매 상담 회기마다 지각을 하는 내담자가 있다. 상담자는 내담자에 대한 언짢은 기분을 그대로 표현하기보다 내담자가 친한 친구와 만날 약속을 했을 때 친구가 매번 늦게 올 때 기분이 어떠한지 물어보고 상담자도 같은 느낌이 든다고 표현하면 좋을 것이다.

(2) 무조건적 긍정적 존중

무조건적 긍정적 존중은 내담자가 어떠한 처지나 상황에 있던, 태도나 행동이 어리숙하고 미숙하던, 사회적 지위가 어떻든 간에 상담자는 내담자를 함부로 평가하거나 판단하지 않고 있는 그대로 존중하고 수용하는 것을 말한다. 상담자의 무조건적이고 긍정적인 존중은 내담자로 하여금 자신이 존중받아 마땅한 사람이라는 자기존중감의 회복이 일어나 심리적인 문제가 해결이 된다. 그뿐만 아니라 지금까지 숨겨지고 왜곡되어 왔던 자신의 가능성과 잠재적인 능력을 발휘하는 사람으로 성장하게 된다. 상담자가 자신을 존중하지 않고 싫어한다는 느낌을 받으면 내담자는 방어적인 태도를 취하거나 상담을 종결하게 된다.

(3) 공감적 이해

공감적 이해란 내담자의 현상적 장, 즉 내담자가 현재 경험하고 있는 세계 속으로 상담자도 함께 들어가서 그 세계를 경험하는 것이다. 이때 상담자는 자신의 준거체계를 잃지 않으면서 내담자의 준거체계로 세계를 바라보고 느끼고 이해한 것을 표현한다.

상담자의 준거체계를 잃지 않는다라는 의미는 내담자의 지각세계에 들어가 함께 하고, 내담자를 깊이 이해하지만 객관성을 유지하려는 노력 또한 소홀히 하지 않아야 함을 말한다. 그렇게 할 때 상담자로서의 역할을 제대로 수행할 수 있다.

상담자가 제대로 공감하려면 우선 귀기울여서 잘 들어주어야 하고, 내담자가 느끼는 고통이나 아픔에 대한 공명이 일어나야 한다. 그 울림을 상담자가 표현해 주는 것이 진정한 공감적 이해이다. 내담자는 상담자가 자신을 이해하고 절절하게 공감 표현을 해줄 때 자신의 말에 귀기울이고 깊이 이해하는 사람이 단 한사람이라도 있다는 그 자체만으로도 심리적 안도감을 느낀다. 그리고 스스로도 자신을 존중하게 되며 더 깊은 자기 탐색을 하게 하고 자기개방에 대해 용기를 가지면서 상담에 효율적으로 참여하게 된다.

Chapter 07

인지행동치료 I

1. 인지행동치료
2. 엘리스의 인지정서행동치료
3. 인간에 대한 관점
4. 주요 개념
5. 문제행동의 발생과정
6. 상담과정과 기법

제7장

인지행동치료 I

1 인지행동치료

행동주의는 인간은 외부의 자극에 반응을 하는 존재로 보고 인간행동을 인과론적인 측면에서 해석하였다. 즉, 인간의 행동과 정서는 반드시 원인(사건, 상황)이 있고 그것으로 인해 결과(우울, 불안, 분노 등등)로 이어진다고 보았다. 행동주의는 인간을 블랙박스와 같은 존재로 보고 인간의 내적인 정신과정과 인지에는 거의 관심을 기울이지 않았다.

그러나 인지행동주의는 인간을 화이트박스에 비유하여 인지적 요인을 중요한 변인으로 거론하였다. 1960년대에 심리학계에 등장한 인지과학은 인간의 사고가 정서 및 행동을 중개하거나 이끈다고 설명하고 있다. 또한 심리적 장애의 근원은 외부에서 주어지는 것이 아니라 인간의 사고과정에서 기인하는 것으로 보고 사고과정을 수정, 변화시키는 것에 초점을 두었다.

인지행동치료의 범주에는 행동주의와 별개로 출발한 것도 있고, 행동주의의 개념 및 절차를 변형시켜 온 이론도 있으나 근본적으로는 행동주의와 맥을 같이하며 행동주의의 모든 기법들을 인지적 과정과 통합하여 활용하고 발전시켜 왔다. 인지행동치료의 대표적인 이론으로 엘리스의 인지정서행동치료와 백의 인지치료가 있다. 코레이(Corey, 2017)는

REBT와 인지치료의 차이점에 대해 REBT는 상담자의 가르치는 역할을 중요시 하기 때문에 매우 지시적이고 설득적이며 직면적이라고 하였다. 반면에 인지치료는 내담자로 하여금 자신에 대한 잘못된 생각을 발견하도록 도와주는 것에 있다고 하였다.

2 엘리스의 인지정서행동치료(REBT)

Albert Ellis
(1913~2007)

REBT(Rational Emotive Behavior Therapy)는 임상심리학자이며 정신분석가였던 엘리스(A. Ellis, 1913~2007)가 창시하였다. 엘리스는 정신분석적 훈련을 받고 실제 상담과정에서 정신분석적 상담을 실시하였으나, 정신분석을 받은 사람들이 좋아지기는 커녕 더 나빠지는 경우도 자주 있었기 때문에 정신분석이 내담자들을 치료하는데 부적절하다고 판단하였다. 그리고 정신분석의 장기간 상담과 비용을 감당하기 어려운 내담자들에게 조언이나 정보제공과 같은 지시적 방법을 제공했더니 상담효과가 더 높다는 것을 알게 되었다. 그 후 엘리스는 사람들이 정서적 문제를 겪는 이유가 주어진 상황이나 사건 때문이 아니라 그것을 지각하고 받아들이는 방식이 잘못되었다는 것을 알고 인지정서행동치료이론을 고안하였다. 이 이론의 핵심은 인간의 문제행동이나 정서적 문제는 외부 사건이나 상황 때문이 아니라 그것을 해석하는 기존의 신념이나 사고체계에 의해서 발생한다고 보았다. 인간의 신념과 사고체계는 합리적인 것과 비합리적인 것을 동시에 가지고 있는데, 사건을 해석하는 방식이 비합리적이기 때문에 부적응적인 행동과 정서를 경험하게 된다고 보았다. 따라서 부적응행동을 고치기 위해서는 비합리적인 신념을 합리적 신념으로 바꾸어야 한다고 강조하였다.

3 인간에 대한 관점

REBT에서의 인간관은 인간은 합리적인 생각을 할 수도 있고, 비합리적인 생각도 할 수 있는 존재로 본다. 엘리스는 사람은 선천적으로 성장과 자기실현의 경향성을 타고 나지만, 이런 타고난 경향성은 잘못된 생각이나 학습이 된 자기 패배적 사고유형으로 인해서 성장을 거부한다는 것이다. 또한 인간은 본능에 의해 생물학적으로 결정된다는 프로이트의 관점도 잘못되었다고 논박하였다. 오히려 인간은 독특하고 자신의 한계를 이해할 힘을 지녔으며, 아동기에 무비판적으로 주입한 기본 관점과 가치를 변화시킬 능력과 자기 패배적 경향에 도전할 수 있는 능력을 가지고 있다고 보았다.

인간은 자신의 신념체계에 도전해서 과거와는 다른 신념, 생각, 가치를 스스로 재구성할 수 있다. 그 결과 과거에 얽매이지 않고 과거와 다른 방식으로 행동하게 된다. 이렇게 새롭게 생각하고 행동하기 때문에 과거로 인해 수동적인 희생자로 살지 않는다고 하였다. 또한 인간은 생물학적으로 어떤 방식으로 행동하려는 강한 본능적 경향성을 가진 존재이다. 그래서 일단 어떤 방식으로 생각하고 느끼면 자신의 행동이 자기 패배적이라 하더라도 계속 그런 식으로 행동한다고 주장한다. 반면에 인간은 자신의 인지적, 정서적, 행동적 과정을 변화시키기 위한 역량을 지니고 있는 긍정적인 인간의 본성을 가지고 있다. 그렇기 때문에 인간은 스스로 선택할 수 있고 긍정적 변화와 성취를 향해 적극적이고 끊임없이 나아갈 수 있다고 보았다.

4 주요 개념

1) 비합리적 신념

엘리스는 초기 11가지의 비합리적 신념을 제시하였으나 이후에 임상적 경험을 통해 2가지의 비합리적 신념을 부가하여 13가지 비합리적 신념을 정리하였다.

비합리적 신념에 대체해야 할 합리적 신념은 다음과 같다.

① 나를 알고 있는 모든 사람들로부터 사랑받고 인정을 받아야만 한다.
→ 인정받고 사랑받으려 애쓰지 말고 차라리 그들을 사랑하려고 신경을 쓰자.

② 사람들 중 나쁘고 사악한 사람은 반드시 비난하고 처벌해야 한다.
→ 사람들은 비윤리적으로 행동하는 경우가 흔하다. 이들을 비난하고 처벌하기보다 그들을 변화시키도록 도와주자.

③ 내가 하는 일이 뜻대로 진행되지 않는다면 끔찍한 일이다.
→ 내 뜻대로 되면 좋겠지만 원하는대로 되지 않는다고 끔찍해할 필요가 없다.

④ 위험하거나 두려운 일이 일어날 것을 늘 생각하고 있어야만 한다.
→ 걱정한다고 해서 그 일이 저절로 없어지는 것은 아니다. 나는 괴로운 일을 처리하기 위해 최선을 다할 것이다. 만약 그 일이 불가능하다면 어쩔 수 없다고 받아들이자.

⑤ 나는 완벽한 능력이 있어야 하고 성공해야만 한다.

→ 사람은 부족한 면이 있고 실수도 하는 불완전한 존재라는 것을 받아들이자.

⑥ 문제에 부딪히면 완전한 해결책이 있어야 하고, 만약 그 해결책을 찾지 못한다면 큰일이다.

→ 세상은 불확실하다. 나의 삶을 살아가기 위해 어떠한 보장이 없더라도 나는 결정을 내리고 위험을 무릅쓰겠다.

⑦ 세상은 공평해야 하며 정의는 반드시 승리해야 한다.

→ 세상은 불공평한 경우가 자주 있다. 그것에 불만을 갖기보다 시정하기 위한 노력을 하는 편이 더 낫다.

⑧ 나는 항상 고통도 없고 편안해야만 한다.

→ 세상은 고통 없이 얻을 수 있는 것은 하나도 없다. 비록 그것이 힘들더라도 그 불편을 참아내고 견뎌내도록 하자.

⑨ 나는 미쳐버릴 것 같다. 그러나 미쳐버릴 수가 없다. 왜냐하면 그것을 견딜 수 없기 때문이다.

→ 정서적으로 사면초가에 빠져있는 것이 즐거운 것은 아니지만 나는 그것을 참을 수 있다.

⑩ 인생에서 맞닥뜨리는 어려움은 직면하기보다 피해가는 것이 편하다.

→ 세상에는 쉬운 방법으로 피할 수 있는 방법은 없으며, 쉽게 해결하는 방법이 어려움을 해결하는 데 있어서 더 힘든 방법이다.

⑪ 나에게는 의지할 만한 강한 사람이 있어야 한다.

→ 내 생활을 도와줄 사람을 원하기보다 내 자신을 믿고 나를 의지하자.

⑫ 행복이란 외부에서 결정되고 나는 그것을 통제할 수 없다.

→ 현재의 정서적 괴로움은 나의 책임이다. 상황을 평가하는 방식을 변화시켜 나의 감정을 조절하자.

⑬ 과거의 사건들 때문에 현재 이렇게 행동하고 있다.

→ 나는 과거의 생각과 영향을 다시 재평가하여 과거로부터 벗어나자.

2) 합리적 신념과 비합리적 신념의 판단기준

합리적 신념과 비합리적 신념의 준거를 엘리스는 쿤(Kuhn)이 제시한 과학적 사고의 모델에 2요소를 덧붙여서 다음과 같은 기준을 제시하였다(박경애, 1997).

(1) 논리성

사고의 과정이 논리적이지 못하다면 그것은 비합리적이다. 예를 들어, 내담자가 상담 중 지나가는 헬리콥터 소리를 들으면서 헬리콥터가 자신을 감시하기 위해서 남편이 띄운 것이다라고 말한다면 그것은 비논리적이다.

(2) 현실성

자신의 생각이 현실과 불일치하면 비합리적이다. 즉, 자신의 생각으로 인해 심리적 좌절과 고통이 따른다면 잘못된 선택이다. 현실에서 행복할지 불행할지의 선택은 바로 자신의 생각과 판단에 의한 것이다. 자신의 생각으로 인해 현실이 불행하다면 그것은 비합리적 사고이다. 즉, 현실성 없는 사고는 비합리적인 것이다. 집 장만을 위해 로또복권을 5년을 쉬지 않고 구입하고 있다면 현실성이 없는 것이다.

(3) 기능적 유용성

나의 생각이 삶을 유쾌하게 만드는 데 도움이 된다면 합리적이다. 그러나 우울이나 불안과 같은 정서를 유발하여 행복감을 느끼지 못하게 하는 생각은 비합리적이다. 따라서 자신의 생각이 자신의 삶에 기능적 인지 역기능적인지를 따져볼 수 있어야 한다. 도움이 되는지 아닌지의 여부가 바로 적응적인 행동의 결과로 이어진다.

(4) 당위적 사고

당위적 사고는 자신의 사고가 절대적이거나 융통성이 없어 경직된 요구를 하는 경우를 말한다. 주로 언어적 표현이 '반드시 ~ 해야만 한다', '반드시 ~해서는 안 된다'라고 쓴다면 당위적 사고에 해당된다. 당위적 사고는 3가지로 요약할 수 있다.

- 자신에 대한 당위: '나는 절대로 실수해서는 안 돼', '나는 반드시 훌륭한 사람이 되어야만 해' 등과 같이 자신에게 부여하는 요구이다.
- 타인에 대한 당위: '자식이니까 내 말을 들어야 만 해', '친구니까 나에게 우정을 보여야 해', '동료니까 업무에 협조해야만 해' 등 타인에게 내가 요구하는 사고이다.
- 세상에 대한 당위: '나에게 주어지는 일들은 3D가 아니어야 해', '우리집은 항상 행복해야만 해' 등 세상의 조건들이 내가 원하는 방향으로 돌아가야만 한다는 사고이다.

(5) 정서적/행동적 결과로 이어지는 파급효과

나의 생각으로 인해 우울, 불안, 죄책감, 수치심, 분노와 같은 정서적, 행동적인 결과로 이어진다면 그 생각은 비합리적이다. 예를 들어, '나는 모든 것을 다 잘해야 해'라는 생각을 가지고 있어서 다른 사람들 보나 조금이라도 부족하다고 생각되면 짜증이 나고 화가 나서 더 이상 아무

것도 하지 않는 경우에 해당된다.

5 문제행동의 발생과정

REBT에서 정신병리에 대한 설명은 아동기 때 중요한 타인으로부터 비합리적 신념이 학습이 되고 아동 스스로도 비합리적 신념이나 근거 없는 믿음을 만들어 내기도 한다. 이 잘못된 신념체계를 자기암시나 자기반복의 과정에 의해서 조금씩 더 주입해 나가게 된다. 따라서 역기능적인 태도들은 부모의 반복적인 주입보다는 어린 시절에 주입된 비합리적 사고를 우리 스스로가 반복하기 때문이라고 본다. 엘리스에 따르면 대부분의 장애의 핵심은 비난이다. 자신이 불완전하다는 생각에 자기 비난적인 문장을 만들고 마음속에서 계속 반복하면서 스스로를 좋지 않은 상태로 이끌어 나간다. 그렇게 해서 심리적 장애로 이어진다. 따라서 심리적으로 건강해 지려면 자기 자신이나 타인을 비난하는 것을 멈추어야 한다.

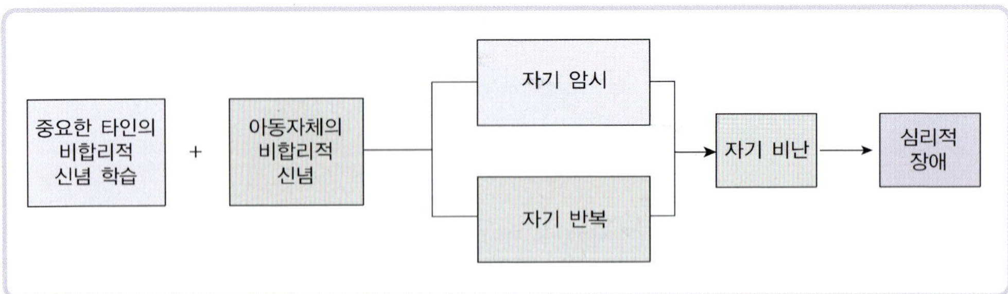

문제행동의 발생과정

6 상담과정과 기법

1) 상담목표

내담자가 가지고 있는 정서적 고통과 자기 패배적 행동의 이면에는 비합리적 신념과 비합리적 사고가 있다. 이 비합리적 신념과 사고를 합리적 사고로 전환시켜 역기능적인 정서 및 행동에서 건강한 정서 및 행동으로 변화시키는 것이다. 따라서 상담자는 내담자의 문제행동에 초점을 두기보다 내담자의 신념과 가치체계를 새로 학습시키는 것을 목표로 한다. 또한 내담자의 정서적, 행동적 고통을 줄여서 자신의 잠재능력을 최대한 효율적으로 발휘하여 행복한 삶을 살아가도록 도와주는 것이다.

2) 상담과정

(1) 상담 초기

상담 초기에 상담자는 REBT의 A–B–C 이론을 설명하고 내담자의 비합리적 신념이 정서적·행동적 고통을 야기한다는 사실을 교육시킨다. 상담과정 동안 내담자의 비합리적 신념을 합리적 신념으로 바꾸는 것에 초점을 맞추게 된다는 것을 안내하고, REBT 진행과정에 익숙해지도록 도와준다.

(2) 상담 중기

상담 중기에는 ABCDEF의 6단계의 구조화된 형식을 사용하여 상담을 진행한다. 상담자는 내담자의 호소문제를 6단계에 적용시키면서 내담자의 신념체계에서 비합리적인 요소를 분리하고 그것 때문에 내담자가 정서적, 행동적 혼란을 겪고 있음을 보여 준다. 그리고 그러한 과정에 대해 내담자로 하여금 지각하도록 한다. 내담자는 상담실에서 배운 것을 토대로 실제 생활로 돌아가 실천하도록 과제를 부여받는다. 또한 ABCDEF 기록 용지에 실생활에서의 사건과 관련해서 자신의 비합리적 신념에 대해 점검하고 스스로 논박하는 과정을 통해 적응적인 행동으로 이어지게 한다. 이러한 결과를 기록하여 다음 상담 회기에 가져온다. 상담자는 내담자가 실천한 ABCDEF를 점검하고 수정 및 보완하는 과정을 거치면서 내담자가 잘 실천할 수 있도록 이 과정을 반복한다. ABCDEF의 6단계는 다음과 같다.

① A: 선행사건(Acting event)

내담자의 고통스러운 정서적·행동적 결과에 대해 내담자가 추론한 선행사건이나 상황을 포착하여 확인한다.

② B: 신념체계(Belief system)

선행사건에 대해 내담자가 바라보는 신념이나 사고체계를 탐색하여 찾아낸다. 이 신념이나 사고체계는 이성적, 현실적, 합리적 신념일 수도 있고, 비이성적, 비현실적, 비합리적 신념일 수도 있다. 그러나 고통을 주는 비합리적 신념을 탐색하여 찾아내는 것에 초점을 맞춘다.

③ C: 결과(Consequence)

선행사건에 대한 비합리적인 사고방식을 해석한 내용이 정서적, 행동적으로 어떤 결과로 나타나는지 살펴본다. 비합리적인 신념체계가 초래할 수 있는 결과로는 우울, 불안, 분노, 죄책감, 적개심, 원망, 공격성 등이 있다.

④ D: 논박(Dispute)

상담자는 내담자의 비합리적 신념이 논리적, 현실적, 실용성이 있는지를 질문하고 평가한다. 내담자가 자신의 비합리적 신념을 인식하고 인정하지 않을 경우 상담자는 내담자가 포기할 때까지 논의하고 논박하며 상담을 진행한다. 이때 상담자는 합리적인 신념에 대한 예를 들어가며 설명을 하거나 시범을 보여 준다.

⑤ E: 효과(Effect)

논박을 통해서 내담자의 비합리적 신념이 합리적인 신념으로 바뀌게 된다. 이 합리적인 신념이 인지적, 정서적, 행동적인 측면에서 효과가 발생한다. 즉, 효과적인 합리적 신념을 새롭게 얻게 되는 것이다.

⑥ F: 감정(Feeling)

새롭게 갖게 된 합리적인 신념으로 새로운 감정을 경험하게 된다. 심한 우울이나 불안, 부정적 감정 등을 느끼지 않고 상황에 적절한 느낌을 갖게 된다. 점차 내담자의 삶이 긍정적, 합리적, 적응적인 모습으로 정서와 행동의 변화가 일어난다.

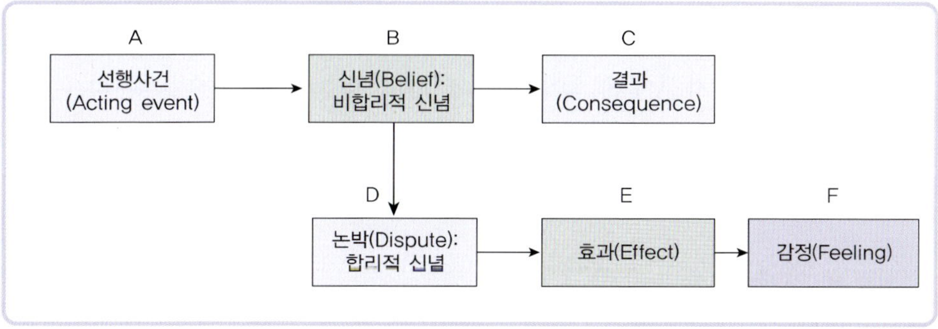

ABCDEF의 6단계

(3) 종결

상담자는 내담자 스스로 합리적 사고를 할 수 있도록 하고, 그것에 근거하여 일상생활에서 시연하고 실천하게 한다. 합리적 신념을 확고히 하기 위하여 여러 형태의 과제를 부여하여 잘 수행할 수 있도록 격려하고 지지하는 것이 상담자의 역할이다. 또한 합리적 신념의 일반화를 위해 REBT 관련 서적을 읽어 보게 하거나 자신의 상담기록 및 녹음을 들어보게 하는 것, 자신의 비합리적 신념에 대해 수필을 써보기 등을 하도록 한다.

3) 상담기법

내담자의 비합리적 신념은 부정적 정서와 행동의 결과로 이어진다. 따라서 비합리적 신념을 다루기 위한 인지적 기법, 부정적 정서를 다루기 위한 정서적 기법, 역기능적인 행동을 기능적 행동으로 바꾸기 위한 행동적 기법 등 3가지 상담기법을 활용한다.

(1) 인지적 기법

ABCDEF의 이론적 모형을 통하여 내담자의 비합리적 신념이 부정적 정서와 행동을 야기한다는 사실을 빠르고 지시적인 방법으로 교육시키고, 내담자 스스로가 정서장애 상태를 지속시키고 있다고 누누이 말해준다. 내담자가 자신에게 끊임없이 말하고 있는 자기진술을 논박, 논쟁, 도전, 해석, 설명, 교육 등의 전략을 사용하여 내담자의 사고방식을 바꾸는 것이다.

① 비합리적 신념 논박하기

내담자의 정서적·행동적 고통은 어떤 사건이나 상황으로 인한 것이 아니라 그것을 지각하고 평가하는 방법과 그것을 반복해서 자기진술을 하기 때문이라는 것을 설명해 준다. 그러한 생각의 타당성, 현실성, 실용성, 논리성 등에 대해 논박하여 비합리적 신념에 더 이상 집착하지 않거나 강도가 약해질 때까지 작업을 계속한다.

② 인지적 과제 부여

내담자의 호소문제를 목록을 만들어서 각각의 목록에서 비합리적 신념을 찾아내 스스로 논박하도록 과제를 부여한다. ABCDEF 기록용지에 내면화된 자신의 강제적인 사고를 제거하기 위해 매일 일정 시간 자신의 신념이 어떻게 문제를 야기하는지 생각하고 기록하게 한다. 내담자는 자신을 고통스럽게 하는 신념의 뿌리를 찾아내기 위해 노력해야 한다.

③ 보조 자료의 활용

REBT와 관련된 서적, DVD, 유튜브 자료 등을 소개한다. 내담자는 보조 자료를 읽고 경험하면서 REBT의 개념과 원리, 방법 등을 이해하게 된다. 이 과정을 통해 상담에 더 적극적으로 참여하게 된다.

④ 언어를 변화시키기

자기 자신에게 지시하거나 요구하는 말들 중 '반드시 ~해야 한다(must)', '당연히 해야 한다', '하지 않으면 안 된다'라는 말은 절대적이고 당위적인 말로써 자신을 강제하고 경직되게 만든다. 따라서 '~하고 싶다'로 대체해서 사용하도록 한다.

(2) 정서적 기법

인간이 합리적인 사고와 비합리적 사고를 모두 할 수 있는 존재이듯이 부정적 정서와 긍정적 정서도 자신이 만들어 낸다는 것을 알게 하는 것이다. 그러기 위해서 부적절한 감정을 느끼는 상황을 솔직하게 드러내게 하고, 그때의 정서적인 느낌을 개방하도록 한다. 솔직한 자기개방을 통해 내담자는 자기를 비하하는 사고방식을 보게 되고, 그것이 얼마나 자신을 파괴하는지를 배운다.

① 합리적인 정서를 상상하기

이 기법은 새로운 정서를 갖도록 하기 위해 정서의 패턴과정을 상상하도록 하는 것이다. 즉, 본인이 원하는 상황을 만들기 위해 생각하고 느끼고 행동하는 방식을 상상하게 한다. 내담자에게 일어날 수 있는 최악의 것을 상상하게 하고 그 상황에 대해 부적절하게 혼란을 느끼는 방식과 감정을 강렬하게 경험하는 방식 등을 상상하게 한다. 이렇게 전개되는 방식을 보게 한 뒤 그것과는 반대로 적절한 감정으로 변화시키는 방식을 상상하게 하여 실제 생활에서 적절한 행동으로 이어지게 한다.

② 유머의 활용

내담자는 생활사건에 대해서 지나치게 진지하고 심각한 생각과 태도를 취하고 있다. 또한 REBT 상담자도 내담자의 비합리적 신념이나 정서에 대해 논박하는 과정에서 자칫 상담과정이 딱딱하게 흘러갈 수 있다. 이때 상담자는 유머를 활용하여 상담 분위기와 내담자의 감정에 대해 가벼운 마음으로 볼 수 있도록 도와준다. 예를 들어, 아동이 낙담해 있을 때 영화 겨울왕국의 'let it go(다 잊어 버리자)'를 부르면서 내담자의 정서를 전환시켜 줄 수 있다.

③ 역할연기

상담자는 내담자의 문제 상황에서 내담자 역할을 하면서 합리적인 느낌과 감정을 표현한다. 다시 내담자는 역할을 바꾸어서 자신의 합리적 정서를 언어로 표현하게 한다.

④ 수치심 제거하기

엘리스(Ellis, 1996)는 수치심이 정서장애의 핵심적 요인이라고 하였다. 수치스러운 행동으로 인해 자기 전체를 수치스럽게 여기는 과잉일반화는 비합리적인 것이라고 보았다. 따라서 내담자가 창피하다고 생각하는 행동을 일부러 해보게 하여 정작 타인들은 자신에게 별 관심이 없다는 것을 알게 한다. 더 나아가 타인들의 반응에 신경쓰지 않고 자신이 하고 싶은 것을 할 수 있게 한다.

(3) 행동적 기법

REBT는 행동주의의 모든 기법을 활용한다. 중요한 것은 행동주의 기법들을 상담장면에서 학습하여 상담실 밖에서의 일상생활로 옮겨갈 수 있도록 실천할 수 있는 과제를 부여하여 구체적인 행동으로 실행해 보게 하는 것이다.

Chapter 08

인지행동치료 II

1. 벡의 인지치료
2. 주요 개념
3. 문제행동의 발생과정
4. 상담과정과 기법

제8장

인지행동치료 II

1 벡의 인지치료

Aaron T. Beck
(1921~2021)

인지치료(cognitive therapy)는 엘리스와 비슷한 시기에 벡(Aron Beck)이 창시한 이론이다. 정신분석 훈련을 받은 벡은 우울이 자신을 향한 분노라는 프로이트의 해석과 동기 모형을 부정하고 우울에 대한 인지이론을 발표하였다. 벡은 우울증 내담자들을 치료하는 과정에서 내담자들이 자신과 미래, 자신의 경험에 대해 비현실적이고 비관적이며, 부정적인 사고의 경향이 높다는 것을 발견하였다. 이 부정적 사고는 역기능적인 도식과 가정을 반영하는 것이라고 주장하며, 역기능적인 사고를 적극적 사고로 수정하면 정신병리에서 벗어날 수 있다고 보았다. 벡은 1950년대 말에서 1960년대 초까지 인지치료이론을 체계화하였으며, 자신의 이론을 적용하여 우울증, 불안, 성격장애 등 많은 심리적 문제에 효과를 거두었다.

2 주요 개념

1) 역기능적인 인지도식

인지치료에서 인지도식이란 사람이 태어나서 살아가는 동안에 경험하는 것들이 누적되어 자기 자신과 세상을 바라보게 되는 사고의 틀을 말한다. 한 개인 안에는 수많은 인지도식이 조직되어 있다. 이 도식은 삶에 기능적이기도 하고 때로는 역기능적이기도 한다. 기능적인 도식은 과거 부모와의 관계에서 사랑과 인정 등의 긍정적인 경험을 통해 갖게 되는 신념으로 이루어진다. 반면에 역기능적인 도식은 부모와의 관계에서 거부, 비판, 비난 등과 같은 부정적 경험을 함으로써 자신에 대한 무가치, 무능력 등의 신념으로 이루어진다. 만약 어떤 상황이나 사건에서 역기능적인 인지도식이 작동하면 그 도식은 인지처리과정에서 오류를 일으키고, 부정적 사고와 부정적인 정서, 부정적 행동으로 이어진다.

2) 자동적 사고

자동적 사고는 스트레스 사건이 일어날 때 그 스트레스 상황을 해석하는 사고의 흐름이 왜곡되거나 또는 극단적이거나 그러한 부정확한 내용이 자동적으로 떠오르는 것을 말한다. 예를 들어, 건강염려증이 있는 사람의 경우 몸이 조금만 아파도 사고의 과정이 암으로 귀결시켜서 생각을 키워나간다. 이 자동적 사고는 의식적으로 주의하지 않으면 잘 알기가 어렵다. 우울한 사람들의 자동적 사고는 인지삼제(認知 三題)가 대표적이다. 인지삼제(cognitive triad)란 사고의 3가지 내용의 주제가 있는데, 첫째, 자기 자신에 대한 비관적 생각을 하는 것이다. 둘째, 미래에 대한 무망감과 염세주의적 생각을 한다. 셋째, 현재의 삶과 세상에 대한 부정적 생각을 하는 것으로 구성되어 있다. 예를 들어, 한 유명 배우는 자신은 더 이상 젊고 이쁘지 않고(무가치), 미래는 늙어버려서 희망이 없고(무망감), 현재는 자신보다 더 매력적인 젊은 배우들이 나타나서 인기를 끌 수 없다(비관적)는 생각으로 우울이라는 심리적 문제로 고통을 겪고 있는 경우이다.

3) 인지적 오류

역기능적인 인지도식은 자동적 사고뿐만 아니라 인지적인 오류를 발생시키기도 한다. 인지적인 오류란 자신이 직면한 사건을 해석하는데 있어 패배적인 가정을 설정하거나 애초에 잘못된 개념 하에 사고를 이끌어 가는 것을 말한다. 결국 현실을 제대로 지각하지 못하면서 사실이나 그 의미를 왜곡하여 받아들이게 된다. 인지적 오류의 예는 다음과 같다.

(1) 흑백논리

사건의 의미를 이분법적으로 해석하거나 경험을 극단적으로 범주화하는 오류이다. 성공하지 않으면 실패라고 생각하거나 친구가 아니면 남이라고 생각하는 것과 같이 중간지대나 회색지대가 존재하지 않는 사고이다.

(2) 선택적 추상화

상황이나 사건의 주된 내용이나 맥락은 무시한 채 일부 사항만을 기초로 전체적인 의미를 해석하는 것을 말한다. 예를 들어, 선거철에 상대후보의 이야기 중 한 가지 부분에만 집중해서 전체적으로 문제를 삼는다든지, 친구와 나눈 많은 이야기 중에 한 부분을 자신에게 적용하여 그 친구가 자신을 싫어하는 것이 분명하다고 생각하는 경우가 선택적 추상화의 예에 해당된다.

(3) 과잉일반화

한두 번의 경험을 토대로 일반적인 결론을 내린 다음 그 이후의 다른 상황에도 그 결론을 적용하는 오류를 말한다. 한 유치원에 이력서를 냈다가 떨어진 예비 교사가 그 이후의 다른 유치원도 자신을 받아주지 않을 것이라고 단정하는 경우가 과잉일반화에 해당된다.

(4) 의미확대 및 축소

의미확대 및 축소는 극대화 및 최소화라고도 한다. 이는 사건의 중요성이나 의미를 지나치게 과장하거나 축소하는 오류이다. 수능 시험 첫 시간에 몇 개를 실수한 것에 대해 '내 인생은 이제 끝이다'라고 생각하거나 공부를 잘하는 학생에게 모든 사람들이 지적인 매력이 있다는 얘기를 하는데 그 학생은 '나 듣기 좋으라고 하는 말이야'라고 치부하는 경우이다.

(5) 임의적 추론

임의적 추론은 결론을 내리기에 충분하거나 적절한 증거가 없는데도 속단하는 것을 말한다. 이러한 왜곡은 상황에 대해서 비극적인 결말이 나거나 최악의 시나리오를 상정한다. 예를 들어, 남자친구가 바빠서 가끔 자신의 전화를 받지 못한 것을 두고 다른 여자친구가 생겼거나 자신에게 마음이 멀어진 것이라고 결론을 내리는 것이다.

(6) 개인화

자신과 상관이 없는 일임에도 불구하고 외부의 사건과 상황들을 자신과 관련지어 생각하는 오류이다. 반 학생 두 명이 '요즘 내 필통에서 볼펜이 자꾸 사라져'라는 대화를 하고 있는데, 곁을 지나가는 학생이 '내가 안가지고 갔거든!'이라며 화를 내는 경우에 해당된다.

3 문제행동의 발생과정

인지치료는 REBT처럼 사고가 감정과 행동을 결정한다고 본다. 한 개인의 성격은 출생부터 살아가는 동안 학습이 된 가치와 자신이 지각한 것에 의해 형성이 된다. 이 가치와 지각이 한 개인의 인지도식으로 조직화된다. 정신적인 문제는 유전적인 영향도 받지만 잘못된 가정과 잘못된 개념화의 영향을 받기도 한다. 이 잘못된 가정과 개념화로 인해 역기능적인 인지도식이 형성된다. 이 역기능적인 인지도식이 환경과 생활사건 속에서 스트레스를 받게 될 때 자신이 가지고 있는 자동적인 사고가 부정적인 내용일 경우에 심리적인 문제로 이어진다. 또한 역기능적인 인지도식이 현실을 제대로 지각하지 못하게 하거나 사실이나 그 의미를 왜곡하여 받아들이는 인지적인 오류를 일으킬 때에 심리적인 문제로 이어지게 된다.

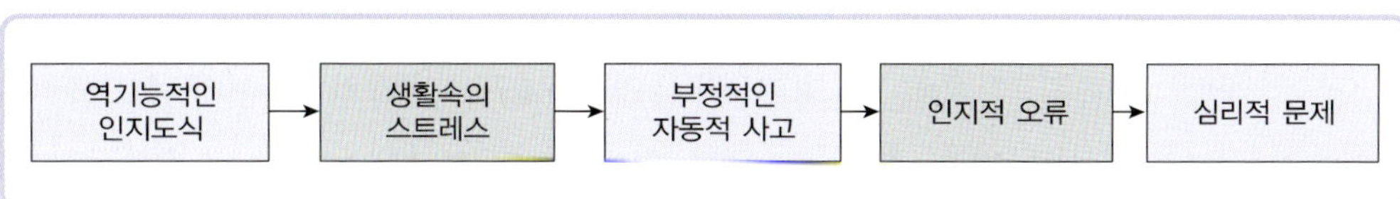

문제행동의 발생과정

4 상담과정과 기법

1) 상담목표

내담자의 부정적인 자동적 사고를 찾아내고 그 자동적 사고의 과정에서의 인지적인 오류를 찾아내어 수정을 한다. 그리고 인지적 오류의 기저를 이루고 있는 근원적인 역기능적 인지도식을 찾아내어 보다 융통성 있게 현실적으로 바꾸어 주는 것이다.

2) 상담과정

(1) 상담초기

내담자의 호소문제를 구체화하고 상담목표를 정한다. 호소문제를 평가할 때에는 구체적인 사고, 감정, 행동까지 평가한다. 그리고 심리적인 문제에 인지적인 요인이 관련되어 있음을 내담자가 납득할 수 있도록 인지치료의 기본 원리를 설명해 준다.

(2) 상담중기

상담중기에는 내담자의 자동적 사고와 인지적 왜곡을 탐색하고, 대안적인 인지도식을 탐색한다. 상담중기의 작업과정은 다음과 같다.

첫째, 내담자의 삶에서 심리적 문제를 일으키는 사건이나 환경에 대해서 내담자가 어떻게 생각하고 있는지를 탐색하고 조사한다.

둘째, 조사한 기록을 통해 내담자의 사고를 명확하게 이해하도록 하고, 내담자의 생각을 글로 표현하도록 한다.

셋째, 내담자의 자동적 사고가 현실적으로 타당한지를 보도록 하면서 왜곡된 인지도식을 파악하고 직면시킨다. 그리고 환경적인 자극에 대한 객관적이면서도 타당한 대안적인 해석을 탐색하고 부정적인 자동적 사고와 대치한다.

넷째, 역기능적인 인지도식을 탐색하고 그 내용의 현실성, 합리성, 유용성을 검토한 뒤 현실적이고 합리적인 대안적 인지를 탐색하여 내면화하도록 한다.

(3) 종결

상담을 종결하기 전에 재발 위험성을 높이는 잘못된 가정이나 가설을 내담자가 가지고 있는 것은 아닌지를 점검하도록 한다. 그리고 대안적인 사고의 방법으로 자신의 문제를 해결할 수 있는 실행계획을 세우고 실생활에서 실천하도록 한다.

3) 상담기법

상담기법은 인지기법과 행동기법 모두 사용한다. 인지기법은 내담자의 사고를 확인하고 조사하며, 그 기원을 탐색해 내서 내담자가 그 생각을 더 이상 지지할 수 없다면 바꾸도록 한다.

행동기법은 능동적인 계획세우기, 행동실험, 기술훈련, 역할연기, 행동시연, 노출치료 등 행동주의의 모든 기법들을 활용할 수 있다. 주로 내담자가 일상 사건을 재해석하고 자신의 목표와 가치에 따라 행동하도록 돕는 데 초점을 맞춘다.

Chapter 09

게슈탈트상담

1. 인간에 대한 관점
2. 주요 개념
3. 부적응행동의 형성과정
4. 상담과정과 기법

제9장

게슈탈트상담

Fritz Perls
(1893~1970)

게슈탈트(Gestalt)는 독일어로 '전체', '형태', '모습'을 뜻하며, 프릿츠 펄스(Fritz Perls)에 의해 창안된 심리치료이다. 우리나라에서는 '형태치료' 또는 '형태상담'이라고 한다. 펄스는 정신분석의 영향을 받기는 했지만 프로이트로부터 벗어나 독자적인 이론을 고안해 냈다. 프로이트가 인간의 행동을 기계론적으로 보았다면 펄스는 신체와 감각, 감정, 욕구, 사고 그리고 행동 등이 서로 분리된 현상이 아니라 하나의 의미있는 전체라고 보고 성격에 대한 총체적인 접근을 강조하였다.

또한 프로이트는 초기 아동기에 억압된 심리내적 갈등을 강조했지만, 펄스는 지금-여기에서의 인식에 관심을 기울였고 개인의 현재 상황을 중요시 했다. 즉, 내담자가 지금-여기에서 '무엇'을 하고 있으며 그것을 '어떻게'하고 있는지에 대해 알아차릴 수 있도록 내담자의 자기 인식과 책임감을 증진시키는데 초점을 맞춘다. 이렇게 내담자의 현실지각에 초점을 두고 있기 때문에 게슈탈트상담을 '현상학적'이라고 본다.

오늘날의 게슈탈트는 내담자와 상담자 간의 대화와 '나/너'의 관계를 강조한다. 즉, 상담관계에서 상담자와의 진실한 접촉을 통해 내담자의 성장이 일어난다는 신념과 상담 장면에서 치료적 만남을 통해 충분히 존재하는 것(being fully present)을 지향하고 있다.

그리고 게슈탈트상담은 인간은 언제나 자기 자신을 만들어 가고, 개선하고, 재발견해 가는 과정에 있다고 보기 때문에 실존적인 입장을 취하고 있다. 과거에 어떠했으며 미래에 어떤 일이 일어날 것인가에 대한 관심을 지금-여기 현재로 가지고 와서 직접적으로 경험하도록 내담자들에게 요구한다. 상황에 대해 추상적으로 이야기하기보다 지금-여기에서 무엇을 어떻게 생각하고 느끼며, 실행하는지를 생생하게 알아차릴 수 있도록 모든 방법을 동원하여 내담자의 책임감 있는 변화를 불러일으키는 것이다.

1 인간에 대한 관점

게슈탈트상담은 인간중심상담과 같이 실존주의철학과 현상학에 기초를 두고 있다. 따라서 인간은 자유롭고 자신의 행동에 대하여 책임질 수 있으며, 스스로의 삶을 만들어가는 존재로 본다. 인간의 본성은 선하거나 악하지도 않은 긍정적인 존재이며, 자기의 잠재력을 실현하는 방향으로 나아간다. 즉, 자기실현경향성을 가지고 살아가는 존재이다.

정신분석이 결정론적인 인간관을 취하는 것과 달리 인간은 사고, 감정, 지각, 신체적 기능 등이 서로 관련되어서 통합적으로 기능하며, 균형을 유지한다고 본다. 이는 인간은 어릴 때의 영향과 현재의 문제들이 얼마나 관련되어 있는지를 자각하는 능력이 있는 것으로 보기 때문에 프로이트의 결정론을 받아들이지 않는다.

또한 인간은 수동적인 존재가 아니라 능동적 행위자로 보고 '알아차림(각성 또는 자각)'의 과정을 통해 자유롭게 선택할 수 있고 그 행동에 대한 책임을 질 수 있는 존재이다. 그리고 자기 삶의 문제를 효과적으로 처리할 수 있는 능력을 가지고 있다. 특히 주위에서 어떤 일이 일어나는지에 대한 '알아차림'을 완전히 할 수 있을 때 더욱 그렇다고 본다.

또한 게슈탈트상담은 인간을 현재 중심적인 존재로 본다. 인간은 지나간 과거에 얽매이지 않고 현재의 환경 속에서 자신의 행동을 자유롭게 선택할 수 있다. 왜냐하면 과거는 더 이상 존재하지 않으며, 미래는 아직 존재하지 않은 것이므로 과거의 기억이나 미래에 대한 기대보다 지금-여기 현재에서의 삶을 살아가는 존재이다.

2 주요 개념

1) 게슈탈트

게슈탈트심리학에서는 유기체가 어떤 자극을 접했을 때 그 자극을 하나하나 부분적으로 보지 않고 완결의 원리, 근접성의 원리, 유사성의 원리에 의해서 하나의 형태로 지각하는 경향이 있음을 발견하였다. 게슈탈트상담에서 이 개념을 도입, 확장하여 사용하고 있다. 게슈탈트상담에서 게슈탈트란 유기체가 자신의 욕구나 감정을 해소하기 위해서 어떻게 행동할 것인가를 머릿속으로 하나의 형태를 만드는 것을 뜻한다. 유기체가 게슈탈트를 형성하는 이유는 인간의 욕구나 감정을 의미 있는 행동으로 만들어서 실행하고, 자신의 환경 속에서 자신의 욕구나 감정을 완결짓기 위해서이다. 여기서 혼동하지 말아야 할 것은 유기체의 욕구나 감정이 게슈탈트가 아니라는 것이다. 유기체가 처해진 상황과 환경에서 욕구나 감정을 실현하기 전에 어떻게 해소할 것인가를 조직화하는 것을 말한다.

2) 전경과 배경

루빈의 컵

젊은 여인과 할머니

위의 그림을 다의도형(多義圖形)이라 한다. 위의 그림을 보면 하나의 형태가 보이게 되면 뒤에 있는 형태의 그림은 보이지 않는다. 그리고 다시 뒤에 배경으로 있는 그림을 보게 되면 앞서 보았던 형태의 그림은 뒤로 물러나게 된다. 이처럼 한순간에 관심의 초점이 되는 부분을 전경(前景)이라 하고, 관심 밖에 놓여 있는 부분을 배경(背景)이라고 한다.

게슈탈트상담에서는 사람들이 게슈탈트를 형성하는 것을 전경과 배경의 원리로 설명한다. 한 개체의 욕구나 감정이 의식의 수준에 떠오르는 것이 전경이다. 의식으로 떠오른 욕구를 지금 해결하게 되면 배경으로 물러나게 되고, 배경에 있는 다른 욕구가 다시 전경으로 떠오르게 된다.

예를 들어, 친구를 만나 시간을 보내고 있던 중에 내일 수업 중에 발표 순서가 자신이라는 것을 깜박 잊고 있었다는 것을 알게 되었다. 그 때부터 필요한 준비물과 자료정리 등을 어떻게 해야 하는지를 머릿속에 떠올리며 친구의 이야기는 귓등으로 듣게 되는 경우이다.

이와 같이 게슈탈트는 일상적인 삶 속에서 존재하는 게슈탈트를 떠올리는 것이 아니라 어떤 상황에서 자신의 욕구나 감정 그리고 환경조건, 맥락 등을 고려해서 가장 매력 있거나 절실하거나 또는 우선순위나 중요도에 따라서 그것에 해당되는 게슈탈트를 떠올리는 것이다. 이렇게 전경으로 떠올렸던 게슈탈트가 해소되면 배경으로 물러나고 다시 새로운 게슈탈트가 형성되어 전경으로 떠오르는 과정을 되풀이 한다. 이러한 순환과정을 '게슈탈트의 형성과 해소' 또는 '전경과 배경의 교체'라고 한다. 건강한 사람은 자연스럽게 전경과 배경의 교체가 일어난다. 그리고 사람들은 자신의 모든 활동을 게슈탈트를 형성함으로써 조정하고 해결한다. 또한 정신적으로 건강한 사람들은 자신이 처해진 상황에서 우선순위와 중요도에 따라 자신의 욕구가 무엇인지를 인식하고 그것을 충족해 나간다. 전경과 배경이 원활하게 일어나지 못한다면, 즉 게슈탈트를 형성한 것에 실패하게 되면 심리적·신체적 장애를 겪게 된다.

3) 미해결 과제

개체가 게슈탈트를 형성하지 못했거나 게슈탈트를 형성하긴 했지만 해소되지 못하면 배경으로 사라지지 못한다. 그러면 이 게슈탈트는 중간층에 머물게 되고 계속 전경으로 떠오르려 한다. 이렇게 완결되지 않은 혹은 해소되지 않은 게슈탈트를 '미해결 게슈탈트' 또는 '미해결 과제'라고 한다. 미해결 과제는 다른 게슈탈트 형성을 어렵게 한다. 그리고 미해결 과제가 많을수록 사람은 자신의 유기체적인 욕구를 효과적으로 해소하는데 실패하게 되고, 결국 심리적·신체적 장애를 일으킨다.

이 미해결 과제를 완결짓는 일이 게슈탈트상담의 중요한 목표이다. 미해결 과제에는 원한, 분노, 증오, 고통, 불안, 슬픔, 죄책감, 자포자기 등 표현하지 못하는 감정들이 포함되어 있다. 펄스(Perls)는 이 미해결 감정들 중 가장 나쁘고 빈번하게 일어나는 감정이 원한이라고 하였다. 이 원한은 사람들로 하여금 생각과 표현을 할 수 없게 만들고, 진정한 대화를 어렵게 만든다. 이렇게 표현하지 못하는 원한은 자주 죄책감을 불러일으킨다. 따라서 상담자는 내담자에게 죄책감이 느껴질 때마다 무엇에 대한 원한을 품고 있는지를 표현하도록 하고, 자신의 욕구가 무엇인지 알게 한다. 따라서 미해결 감정을 회피하지 않도록 하기 위해 부정적인 감정을 표현하도록 격려해야 한다. 왜냐하면 미해결 과제는 끊임없이 전경에 떠오르려고 하기 때문이다. 따라서 프로이트처럼 무의식을 분석할 필요 없이 단지 지금-여기에서 그것을 알아차리기만 하면 되는 것이다.

4) 알아차림과 접촉

앞에서 우리의 욕구나 감정을 해소하기 위한 게슈탈트는 전경과 배경을 통해 계속 교체되는 순환과정을 거친다고 하였다. 알아차림(awareness)이란 현재 순간에 중요한 자신의 욕구나 감각, 감정, 생각, 행동, 환경 그리고 자신이 처한 상황 등을 지각한 다음에 게슈탈트를 형성하고 전경으로 떠올리는 행위를 말한다. 이렇게 떠올린 게슈탈트를 해소하기 위해 처해진 환경과 상호작용하는 행위가 바로 접촉(contact)이다. 접촉은 자신의 에너지를 동원해서 실제로 환경과 만나는 행동인 것이다. 환경과의 접촉을 통해 자신의 문제가 완결되면 배경으로 사라지게 된다. 알아차림은 누구에게나 자연적으로 갖추어져 있는 능력이다. 그러나 접촉을 하는데 장애가 생기게 되면 접촉경계혼란을 일으켜 개체는 자신의 알아차림을 인위적으로 차단하게 되면서 결국 게슈탈트 형성에 실패하게 된다.

예를 들어, 예솔이는 열심히 공부해서 장학금으로 등록금을 충당하려는 생각을 가지고 있다. 곧 있을 기말고사를 대비해서 열심히 공부를 하려고 책상에 앉았으나, 문득 중간고사 시험을 너무 못 보았다는 생각에 멍하니 앉아 생각에 잠겼다.

이와 같이 기말고사 공부를 열심히 해야겠다고 다짐하는 것은 알아차림이고, 공부를 하는 것은 접촉에 해당이 된다. 그런데 중간고사 성적이 공부를 못하게 하는 장애가 되어 접촉경계 혼란에 빠지게 되는 경우이다. 이처럼 알아차림과 접촉 중 어느 한쪽이라도 결여되면 전경과 배경의 원활한 교체가 불가능하게 된다.

3 부적응행동의 형성과정

인간은 자신이 살아가는 환경 속에서 자신의 욕구를 충족시키고자 한다. 그 욕구를 충족시키려면 환경과 접촉이 원활해야 한다. 게슈탈트상담에서는 이 접촉이 원활하지 않아서 자신의 욕구가 충족되지 않을 때 부적응에 빠진다고 본다. 인간의 모든 활동은 항상 환경과의 관계 속에서 일어나며, 게슈탈트의 형성과 해소도 환경과의 교류를 통해서만 가능하다.

인간과 환경의 교류의 접촉은 '접촉경계'에서 이루어진다. 접촉경계란 인간과 환경 간의 경계를 의미한다. 인간과 인간의 만남에서 경계는 중요하다. 각자 자신의 영역이 있고 그것을 구분하는 경계가 있어야만 건강하게 기능을 한다. 그러나 이 접촉경계에 혼란이 생겨 양자 간에 경계가 불분명해질 때 서로가 제대로 접촉할 수가 없게 되고 서로의 성장에 장애가 생긴다.

건강한 사람은 접촉경계를 사이에 두고 환경과의 교류 속에서 자신에게 필요한 것과 해로운 것에 대한 경계를 열고 닫으면서 자신을 보호한다. 그러나 경계에 문제가 생기게 되면 환경과의 유기적인 접촉이 차단되고 혼란이 생기게 되는데, 이것을 '접촉경계 혼란'이라 한다. 접촉경계 혼란으로 인해 자신의 욕구를 해결하지 못하게 되면 그 욕구는 미해결 과제로 남게 된다. 미해결 과제가 쌓이게 되면 결국 환경에 적응하는 데 실패하게 되고 심리적·신체적 장애로 이어지게 된다.

접촉경계 혼란이 일어나는 원인은 타인의 행동이나 가치관을 무비판적으로 받아들이거나, 자신의 욕구나 감정을 깨닫거나 충족하는 것이 두려워서 자신의 욕구와 감정을 타인의 것인 양하는 경우이다. 그리고 남이 자기에게 해주기를 바라는 행동을 자신에게 하거나, 욕구를 충족하기 어려울 것 같을 때 도움을 피하거나, 자신의 욕구와 타인의 욕구를 잘 구분하지 못할 때 발생한다.

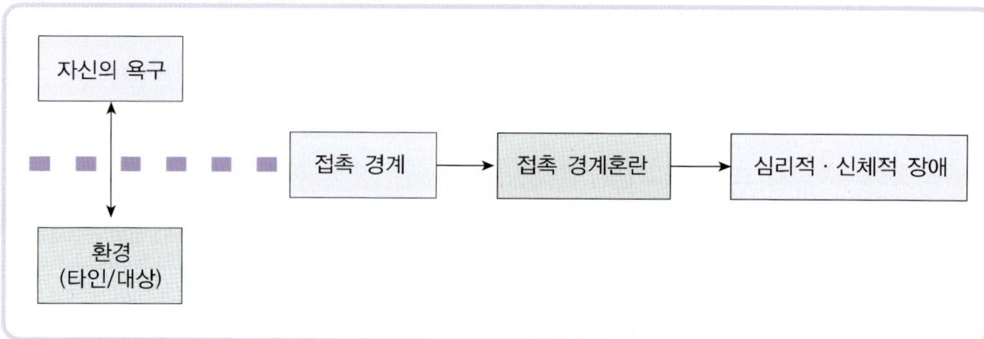

부적응행동의 형성 과정

4 상담과정과 기법

1) 상담목표

게슈탈트상담은 기본적으로 인간의 실존적 만남이다. 펄스는 자기 자신의 잠재력을 실현하지 못하게 막는 것이 무엇인지를 알게 된다면 우리는 우리의 삶을 풍요롭게 만드는 많은 방법을 알게 될 것이라고 주장하였다. 이 잠재력은 자신의 삶을 책임지고 환경과의 접촉을 통해 순간

순간 생생하게 살아가는 태도에서 나타난다. 따라서 게슈탈트상담의 최대 목표는 내담자가 자신의 잠재적 가능성을 발휘하여 충만한 삶을 살아가도록 돕는 것이다.

이 최대 목표를 달성하기 위한 몇 가지 구체적인 목표가 있다. 이 목표는 서로 독립적이라기보다는 상호관련되어 있고 상호보완적이다.

(1) 활동 영역의 확장

심리장애를 겪고 있는 사람들은 자기 자신의 감정과 욕구의 상당부분을 억압하고 있으며, 그것과의 접촉이 차단되어 있다. 따라서 축소된 활동 영역을 다시 확장시켜 주고 유기체의 자연스러운 기능을 복원시켜 주어야 한다. 내담자는 자신의 억압된 감정이나 욕구를 직면하는 것에 대한 두려움으로 방어하는 것에 에너지를 소모하느라 창의적이고 자유로운 삶을 살지 못한다. 따라서 내담자의 방어를 해제하고 억압했던 자신의 부분들을 다시 접촉하게 해주어 내담자의 경계를 확장시켜 주어야 한다. 내담자의 경계가 넓어지면 자신의 욕구와 감정을 다양하게 체험할 수 있게 되고, 그만큼 활동 영역이 넓어진다. 활동 영역의 확장은 내담자에게 자신감과 용기를 불러일으키게 되고, 자신의 감정과 욕구를 자유롭게 표현하게 된다. 그 결과 불안과 공포증을 벗어버리고 점차 삶의 다양한 가능성을 향해 도전하게 된다.

(2) 자립 능력의 향상

내담자는 흔히 자신에게 필요한 자원과 능력이 없다고 믿기 때문에 외부의 지지를 받기 위해 타인에게 의존하거나 조종하려고 한다. 상담을 통해 이러한 시도를 좌절시켜 자신의 힘으로 주체적으로 행동하고 자기를 지지하는 법을 배우도록 도와주어야 한다(Harman, 1989).

펄스는 좌절을 통해서만 진정한 성장이 가능하다고 주장했다. 여기서 좌절이란 타인에게 의존하려 하거나 타인을 조종하려고 하는 태도에 대해 상담자가 동조하지 않는 것을 말한다. 상담자가 동조하지 않을 때 내담자는 막다른 골목에 처해있게 되면서 자신의 가면적인 역할연기 행동에 대해 직면하게 된다. 내담자는 상담 장면에서 실제로 부딪혀 보면서 자신에게 내적 자원이 있다는 것을 알게 되고, 더 이상 주위 환경에 휘둘리지 않으면서 독립적이며 자신감 있는 삶을 살아가게 된다.

(3) 책임에 대한 자각

책임에 대한 자각은 단순히 도덕적인 책임만 뜻하는 것이 아니다. 책임이란 사람들이 자신의 삶을 환경과의 유기적인 관계 속에서 능동적이고 자율적으로 선택하고, 그에 따른 결과를 자신의 것으로 받아들일 수 있는 능력을 뜻한다. 따라서 내담자는 자신의 욕구와 상황이 무엇인지 알고, 거기에 대해 자유롭게 반응할 행동의 선택권이 자신에게 있음을 알고 그 행동에 대해 진정으로 책임질 수 있어야 한다. 게슈탈트상담에서는 모든 것은 다 자신의 책임이라고 본다. 내담자가 타인에게 책임을 전가해서 죄책감을 유발시킨 다음 자신을 돕게 한다거나, 자신을 자학하거나, 열등감을 키워서 책임을 회피하는 것 등 어떤 경우든 모두 자신의 선택인 것이다. 따라서 내담자가 타인에게 의존하려는 자세를 버리게 하고, 자신의 행동을 스스로 선택하고 책임질 수 있도록 도와주는 것이다.

(4) 실존적인 삶

내담자는 내적으로 자신에 대한 높은 이상을 설정해 놓고 타인이 요구하는 기대에 살려고 노력한다. 그러한 행동은 현실에서의 삶과 일치하지 않고 자신의 본성을 저버리는 것이다. 이런 역할연기적인 삶은 진정한 자기가 되지 못할 뿐더러 타인의 기대와 도덕적 명령을 수행하는

꼭두각시와 다름없다.

게슈탈트상담의 목표는 내담자가 스스로 자기 자신을 되찾도록 격려하고 도와주는 것이다. 타인과의 관계 또는 사물을 대하는데 있어서도 자신의 문제가 투사되지 않고 있는 그대로 볼 수 있는 힘을 키우는 것이다. 자기 자신이 된다는 것은 바로 실존적인 삶을 산다는 것을 의미한다.

여기서 실존적인 삶이란 자신의 유기체적 욕구와 현실을 외면하지 않고 받아들이면서 자신의 모든 잠재적 가능성을 발휘하여 자신의 삶을 책임지고 순간순간을 생생하게 살아가는 것을 말한다. 궁극적으로는 내담자가 중요한 타인들의 기대에 따른 인간이 되려는 시도를 포기하고, 진정한 자신이 되어 풍요롭고 충만한 삶을 살아가도록 도와주는 것이다.

2) 상담과정

게슈탈트상담은 정해진 절차가 있는 것은 아니어서 상담자마다 또는 매 회기마다 다를 수 있다. 왜냐하면 매순간 내놓은 내담자의 감정, 행동, 경험 및 미해결 상황에 대하여 그때그때 각성(awareness)시키고 훈습하도록 촉진시키기 때문이다. 공통적으로는 내담자가 자신의 상태나 욕구 좌절에 대하여 명확하게 각성하도록 하는 데 초점이 모아진다. 그리고 각성을 통해서 부적응행동의 본질과 그것이 본인의 삶에 어떤 악영향을 끼치는지 인식하게 하고, 본질적으로는 실존적인 삶을 살아가도록 돕는 과정이다. 일반적으로 게슈탈트상담과정은 두 단계로 나누어진다(Yontef, 1995).

(1) 자각의 촉진 단계

상담자와 내담자가 진솔한 접촉에 근거하여 관계를 형성하고 내담자로 하여금 현재 무엇이 어떻게 진행되는가를 자각하도록 촉진한다.

(2) 자아 통합 및 균형의 단계

내담자의 삶을 불편하게 하는 심리적 문제를 실험과 기법을 통해 경험하도록 함으로써 통합 및 균형을 이룰 수 있도록 하는 단계이다.

① 감각적 · 신체적 자각

- 현재 내담자의 자세, 호흡, 태도, 몸짓, 목소리, 표정에 주목한다.
- "당신은 지금 무엇을 하고 있나요", "어떤 느낌이 드는지요"와 같은 질문을 통해 내담자의 실존적 의미가 무엇인지 탐색한다.
- "나는 지금 깨닫고 있다"라는 표현을 하게 함으로써 내담자를 현재에 머무르게 한다.
- '나는'이라는 말을 통해 현재 일어나고 있는 것의 주인이 자신임을 알게 한다.

② 욕구좌절에 대한 자각

- 내담자는 상담자에게 욕구 충족이 되도록 도움을 요청한다.
- 내담자는 고통을 호소하고 도움을 요청하면서 변화에 대한 두려움으로 저항을 보인다.
- 상담자와 내담자의 친밀한 상담관계를 유지한다.
- 내담자와 상호작용한 것에 대해 개방적 자세를 취하며 편견을 버린다.
- 내담자가 그동안 소외시켜 왔던 자신의 성격 부분에 대하여 자각시킨다.

③ 자아통합의 실현과 성장단계

자각한 것을 토대로 그동안 분할되었던 자신의 부분들을 통합해 나간다. 자아통합은 다음과 같은 단계를 거쳐 내담자는 성장해 간다(Polster, 1987).

• 발견단계

내담자가 이전에 깨닫지 못했던 자신을 현실적으로 이해하게 되고, 자신, 타인, 상황, 문제에 대한 새로운 관점을 발견하게 된다. 이 단계에서 상담의 초점은 자아와 자아를 구성하고 있는 감정, 행동, 경험 및 미해결 욕구에 대해 자각하거나 각성하도록 하는 것이다.

• 조절단계

상담자의 치료적 지지 속에서 새로운 행동을 연습하고 어려운 상황에 대처하는 기술을 획득한다. 그리고 자신이 새로운 선택을 하는 것이 가능하고 새로운 방식으로 시도할 수 있다는 것을 알게 한다.

• 동화단계

내담자는 새로운 행동을 선택하고 시도하는 것에서부터 시작해서 자신의 환경을 변화시키는 방법을 학습하는 것으로 발전한다. 이 단계는 환경을 수동적으로 받아들이는 것이 아니라 많은 것을 능동적으로 할 수 있도록 하는 것이다.

3) 상담기법

게슈탈트상담은 내담자의 자각이나 인식 혹은 알아차림을 촉진시키기 위해 여러 가지 기법을 사용한다. 그러나 그것은 어디까지나 상담을 돕기 위한 부수적 도구이지 기법 자체만으로 상담을 한다고 생각하지 않도록 한다. 좋은 상담이란 인위적 기법을 사용하지 않은 나와 너의 자연스러운 대화와 만남이다(김정규, 1995). 기법과 관련하여 주로 쓰이는 부분들은 다음과 같다.

(1) 지금-여기에서의 자각

상담자는 내담자의 잠재적 가능성의 실현을 돕기 위해 상담 장면에서 내담자의 감정과 욕구에 대한 자각, 신체감각에 대한 자각, 언어와 행위에 대한 자각, 환경에 대한 자각을 지금-여기에서 있는 그대로 생생하게 느끼고 알아차리게 되며 스스로 자각하는 방법을 습득하게 한다.

이것을 돕기 위해서 상담자는 왜(why)라는 질문 대신에 무엇(what)이나 어떻게(who)라는 질문을 많이 활용하여 내담자의 알아차림을 유도한다.

(2) 머물러 있기

머물러 있기(staying with)는 자신의 미해결 감정을 해소하기 위해 억압해 두었던 감정을 자각시키고, 그 감정에 머물러 있게 하는 것이다. 내담자가 그 감정을 회피하려고 하는 순간 상담자는 "잠깐만요. 그대로 계셔 보세요", "계속 하셔도 됩니다", "느껴지는 대로 말해 보세요" 라고 주문한다. 미해결 감정을 직면하고 거기에 머무르면 나머지는 유기체가 스스로 알아서 치유한다(Levitsky & Perls, 1970; Hansen et al., 1977).

예를 들어, 슬픈 일을 겪었을 때 슬픔을 회피하기보다는 슬픔을 받아들이는 것이 슬픔을 중단하는 것보다 도리어 슬픔을 완결하는 것이다. 만약 회피하거나 억압하게 되면 미해결 감정으로 남아 심리적 문제로 이어지게 된다.

(3) 시연하기

시연하기는 게슈탈트상담에서 가장 중요한 기법이다. 시연이란 내담자에게 중요했던 과거의 어떤 장면이나 미래에 있을 수 있는 장면들을 지금-여기로 가져와서 직접 행동으로 연기해 보는 것이다. 다른 이론의 상담 방법에서 문제에 대해 말하게 하는 것보다 게슈탈트의 시연이 문제의 내용을 더 구체화시켜 준다. 또한 시연은 실제 상황에서와 비슷한 힘을 가지게 되고, 자신이 알지 못한 감정이나 행동패턴을 지각하게 된다. 그리고 문제의 내용을 구체화시키게 되면서 과거의 행동패턴을 수정하여 새로운 행동방식을 시도하고 습득할 수 있다. 예를 들어, "옆 반 학생의 지갑이 없어진 것을 두고 한 친구가 나보고 범인이라고 말한 것을 그대로 해보세요", "장난감을 갖고 놀다가 부서졌는데 선생님이 뭐라고 말씀하실 것 같은지 말해 볼래요?"라고 주문할 수 있다.

(4) 꿈 작업하기

꿈 작업은 정신분석에서처럼 꿈을 무의식으로 보지 않고 내담자의 꿈에서 나타난 인물이나 사물을 내담자의 욕구나 충동 혹은 감정이 꿈을 통해 투사된 것이라고 본다. 따라서 꿈에 나타난 사람이나 사물, 상황 등을 자신의 입장에서 현재 일어나고 있는 것처럼 생생하게 연기해 보도록 한다. 예를 들어, 한 남학생이 자신에게 사랑한다고 말하는 꿈을 꾸었다면 그 남학생의 역할을 연기해 보도록 하는 것이다. 그렇게 함으로써 자신이 그 남학생을 좋아하는 마음이 있다는 것을 자각하고 접촉할 수 있도록 한다. 이렇게 해서 자신의 마음을 정리할 수 있는 능력이 생기게 되면, 그 감정을 더 이상 억압할 필요가 없게 된다.

(5) 빈 의자 기법

빈 의자 기법은 게슈탈트상담에서 대표적인 기법으로 가장 많이 쓰이고 있다. 상담실에 와 있지는 않지만 내담자에게 중요한 의미를 가진 사람이 빈 의자에 앉아 있다고 설정하고 그 사람과 대화하도록 하는 것이다. 의외로 상담 장면에서 내담자들이 거부감 없이 잘 따라 한다. 이 기법은 말하고 싶은 사람에게 직접 말하는 것을 시킬 수 있어서 직접대화의 이점이 있다. 그리고 빈 의자 기법을 통해서 내담자의 과거 사건이나 미래 사건을 이야기할 때 그것이 현재 어떤 의미를 지니고 있는지를 탐색하고 실험해 보는 것이다. 또한 빈 의자에 앉아 봄으로써 자신의 감정뿐만 아니라 상대방의 심정을 이해해 볼 수 있게 되고, 서로의 입장과 차이를 좁힘으로써 통합에 이를 수 있다.

(6) 과장하기

내담자의 어떤 행동이나 언어를 과장하여 표현하도록 요구하는 것이다. 내재된 분노 표현을 더 강하게 표현하도록 하거나, 단조로운 목소리일 경우 더 단조롭게 말하게 하고, 슬픈 감정을 작게 얘기할 때 더 작게 얘기하도록 하는 경우이다. 이렇게 표현하도록 요구함으로써 내담자를 그 행동으로부터 해방시켜 줄 수 있다. 흔히 내담자들은 무심코 하는 말 속에 자신의 중요한 욕구나 감정이 담겨있는 경우도 있고, 억압된 무의식적 욕구나 감정을 실제의 느낌보다 작게 표현하는 경우도 있다. 과장하기를 통해 자신의 감정의 크기와 심각성, 욕구에 대한 자각이 일어나게 된다.

Chapter 10

교류분석

1. 인간에 대한 관점
2. 주요 개념
3. 심리적 증상의 형성과정
4. 상담과정과 기법

제10장

교류분석

Eric Berne
(1910~1970)

교류분석(transactional analysis: TA)은 캐나다 출신 미국 정신과 전문의 에릭 번(Eric Berne, 1910~1970)에 의해 창시되었다. 번은 정신분석훈련을 받았으나 정신분석학회의 회원 가입이 거절당하게 된 것을 계기로 정신분석학회의 도움 없이 독자적으로 새로운 정신치료의 체제를 수립하였다. 번과 그의 후학들은 교류분석을 국제적인 위치에 올려놓았으며 거듭 발전되어 왔다.

교류분석이란 인간관계에서 주고 받는 언어적인 상호작용을 분석하는 것이다. 여기에서의 의사소통은 단순한 표면적인 대화뿐만 아니라 마음속 깊이 전해지는 미묘한 의미, 숨겨진 의도, 감추어진 느낌에 이르기까지 다양한 측면을 포함하는 인간관계의 교류를 말한다.

교류분석은 어린 시절 부모가 주는 메시지에 대한 초기의 결정을 중요시하는데, 그 초기결정이 인생의 각본이 되어 자기 패배적이고 고통스러운 삶을 계속해서 재연되고 있다고 본다.

교류분석이론의 체계는 구조분석, 교류패턴분석, 게임분석, 각본분석 등 네 가시 분석을 토대로 인간관계의 교류를 분석하는 상담 및 심리치료기법이다. 이 분석을 통해 자신의 성격 성향, 대인관계 양식을 간단하게 진단하고 평가할 수 있다. 교류분석을 통해 개인의 성장과 변화를 위한 동기를 촉진하고, 실제 생활에 적용하여 개인, 관계, 의사소통에 대한 이해가 필요한 영역에서 활용되고 있다.

1 인간에 대한 관점

교류분석은 인간에 대한 비결정론적인 입장을 취하고 있다. 인간은 누구나 다 가치롭고 존엄한 존재이며, 자신의 삶의 책임은 자신에게 있고 자신의 결정에 따라서 세상을 살아간다고 본다. 인간은 과거에 잘못한 생각이나 잘못된 행동을 선택했었던 자신의 책임을 인식하고, 이것이 바람직하지 못하다고 느낄 때 새롭고 적절한 결정을 내릴 수 있는 힘을 가지고 있다. 인간은 결정된 것이 아니라 자신의 운명을 자신이 결정하고 그 결정을 바꿀 수 있는 존재이다. 교류분석의 인간에 대한 관점을 요약하면 다음과 같다(강진령, 2009; 이형득 외, 1992; Corey, 1986).

첫째, 인간은 긍정적인 존재이다.

과거에 불행한 사건을 경험했더라도 인간은 변화가 가능한 존재이다. 자신을 발달시키고, 행복하게 하며, 생산적이게 할 긍정적인 능력을 가지고 태어났다. 어린 시절 중요한 타인의 영향을 받는다는 것을 교류분석에서도 인정하고 있다. 그러나 어린 시절의 결정에 도전하기도 하고 새롭게 결정을 내리기도 하면서 그 새로운 결정이 수정되어야 할 때에는 다시 변화시키기도 하는 그런 긍정적인 존재이다.

둘째, 인간은 자유로운 존재이다.

인간은 그 무엇에 의해 결정되는 존재가 아니다. 사회 속에서 완전한 자유를 가질 수는 없지만 전적으로 사회 환경이나 어린 시절의 경험에 의해서 결정되는 것이 아닌 자유스러운 존재이다.

셋째, 인간은 선택하고 결정할 수 있는 존재이다.

인간은 여러 가지 중에서 자신이 어떤 것을 선택하고 결정할 수 있다. 그 결과가 비생산적이거나 고통스러우면 재결정을 내리면서 새로운 변화를 가능하게 한다. 어린 시절에는 부모나 의미 있는 사람의 기대나 욕구에 영향을 받지만, 자신의 삶에 대해서는 자신이 책임질 수 있는 존재로서 어린 시절의 선택과 결정대로만 살아가지 않는다. 그것이 적절하지 않을 경우 다른 방법을 선택하고 결정하며 살아가는 존재이다.

넷째, 인간은 자율적인 존재이다.

인간은 현실세계에 대한 인식도 스스로 하며, 심리적 게임을 하지 않고도 자발적으로 정서를 표현한다. 또한 친밀감이 있어 타인과 친근한 관계를 형성하고 유지할 수 있는 등 궁극적으로 자율적인 존재이다.

다섯째, 인간은 책임질 수 있는 존재이다.

스스로 선택하고 결정을 짓는 자율적인 행동은 자신에 대하여 책임을 질 수 있다는 것을 의미한다. 어릴 때 부모나 환경의 영향을 받더라도 궁극적으로는 자신의 인생에 책임을 질 수 있다.

2 주요 개념

1) 자아상태 모델(P-A-C 모델)

자아상태(ego state)란 개인의 성격구조를 말한다. 인간의 마음은 어버이 자아(parent ego: P), 어른 자아(Adult ego: A), 어린이 자아(Child ego: C)의 3가지 자아상태로 되어있다. 각 자아의 머릿글자인 P, A, C를 기호로 쓴다. 이 세 가지 자아는 각각 독특하고 독자적이며 독립적인 성격 특성으로 행동의 원천이 된다.

어버이 자아는 엄격(Critical Parent: CP)하거나 자애로운(Nurturing Parent: NP) 모습으로 나타나고, 어른 자아는 상황에 걸맞는 행동을 보이는 어른의 모습을 보인다. 어린이 자아는 자유(Free Child: FC)롭거나 순응(Adapted Child: AC)하는 어린이의 행동을 보인다.

이 세 가지 모델을 이용하여 성격의 다양한 측면을 이해할 수 있다.

(1) 어버이 자아(Parant: P)

어버이 자아는 5세 이전에 부모나 의미 있는 권위적 인물들의 말이나 태도, 행동 등을 무비판적으로 받아들이고 내면화시킨 것이 한 개인의 어버이 자아로 자리 잡는다. 자신의 부모들이 했던 모습들을 똑같이 다른 사람에게 하게 되는 것으로, 어버이 자아에 의한 행동은 독선적, 비현실적, 무조건적, 금지적인 것이 많다. 어버이 자아에는 2가지의 모습이 있다. 하나는 비판적 어버이로서 징벌과 제한을 두는 어버이 모습이고, 또 하나는 양육적 어버이로 양육하고 보호하는 어버이 모습이 있다.

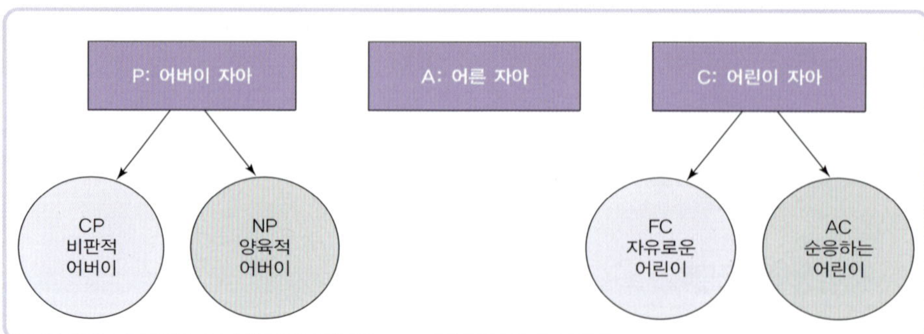

① 비판적 어버이(Critical Parent: CP)

부모의 가치와 도덕 기준이 그대로 내면화된 비판적 어버이는 자신의 가치관이나 사고방식을 옳은 것으로 본다. 양심이나 이상과 관련되어 주로 생활에 필요한 규칙을 가르치며 엄격한 면이 있다. 비판적 어버이가 너무 강한 사람은 지배적인 태도, 명령조의 말투, 칭찬보다는 나무라는 경향이 많다. 비판적 어버이 자아를 많이 쓰는 사람은 주변 사람들을 안절부절 못하게 만들고 관계를 멀리하게 만든다.

이고그램 자아상태분석표(KTAA식)

성별(남 · 녀) 연령 만 세
작성일 : 년 월 일

<보 기>

언제나 그렇다(매우 긍정)	5
자주 그렇다(약간 긍정)	4
그저 그렇다(보통)	3
좀처럼 거의 그렇지 않다(약간 부정)	2
전혀 그렇지 않다(완전 부정)	1

1. 다른 사람을 헐뜯기보다 칭찬을 한다.	■ □ ■ ■ ■
2. 사태의 흑백을 명백히 가리지 않으면 마음이 편치 않다.	□ ■ ■ ■ ■
3. 무슨 일을 할 때 좀처럼 결심을 할 수 없다.	■ ■ ■ ■ □
4. 나는 명랑하게 행동하고 장난을 잘 친다.	■ ■ ■ □ ■
5. 말이나 행동을 냉정하고 침착하게 한다.	■ ■ □ ■ ■
6. 성미가 급하고 화를 잘 낸다.	□ ■ ■ ■ ■
7. 인정을 중요시한다.	■ □ ■ ■ ■
8. 호기심이 강하고 창의적인 착상을 잘 한다.	■ ■ ■ □ ■
9. 사물의 정돈을 잘 한다.	■ ■ □ ■ ■
10. 농담을 하거나 익살부리기를 잘 한다.	■ ■ ■ □ ■

11. 의존심이 강하다. ■ ■ ■ ■ □
12. 상대의 이야기를 경청하고 공감하기를 잘 한다. ■ □ ■ ■ ■
13. 상대의 부정이나 실패에 대해 엄격하다. □ ■ ■ ■ ■
14. 어려움에 처해있는 사람을 보면 도와주고 싶어한다. ■ □ ■ ■ ■
15. 숫자나 자료(data)를 사용해서 이야기를 한다. ■ ■ □ ■ ■
16. 제멋대로 말하거나 행동한다. ■ ■ ■ □ ■
17. 후회의 생각에 사로잡힌다. ■ ■ ■ ■ □
18. 좌절감을 맛보는 경우가 많다. ■ ■ ■ ■ □
19. 6하 원칙(언제, 어디서, 누가...)에 따라 사리를 따지거나 설명을 한다. ■ ■ □ ■ ■
20. 일을 능률적으로 수행한다. ■ ■ □ ■ ■
21. 요령이 없고 주저주저한다.(머뭇거린다.) ■ ■ ■ ■ □
22. 무슨 일이나 사실에 입각해서 객관적으로 판단한다. ■ ■ □ ■ ■
23. 다른 사람으로부터 부탁을 받으면 거절하지 못한다. ■ □ ■ ■ ■
24. 주변 사람에게 긴장감을 준다. □ ■ ■ ■ ■
25. 봉사활동에 즐겨 참여한다. ■ □ ■ ■ ■
26. 배려나 동정심이 강하다. ■ □ ■ ■ ■
27. 신이 나면 도가 지나쳐서 실수를 한다. ■ ■ ■ □ ■
28. 타인의 장점보다 결점이 눈에 띈다. □ ■ ■ ■ ■
29. 타인의 반대에 부딪치면 자신의 생각을 바꾸고 만다. ■ ■ ■ ■ □
30. 다른 사람에 대해 온화하고 관대하다. ■ □ ■ ■ ■
31. 상대방의 말을 가로막고 자신의 생각을 말한다. □ ■ ■ ■ ■
32. 오락이나 술·음식물 등을 만족할 때까지 취한다. ■ ■ ■ □ ■
33. 계획을 세우고 나서 실행한다. ■ ■ □ ■ ■
34. 완고하고 융통성이 전혀 없다. □ ■ ■ ■ ■
35. 타인의 안색을 살핀다. ■ ■ ■ ■ □
36. 스포츠나 노래를 즐길 수 있다. ■ ■ ■ □ ■
37. 현상을 관찰·분석하고 합리적으로 의사결정을 한다. ■ ■ □ ■ ■
38. 욕심나는 것을 가지지 않고는 못 배긴다. ■ ■ ■ □ ■
39. 열등감이 심하고 자신의 감정을 참고 억제한다. ■ ■ ■ ■ □
40. 상냥하고 부드러우며 애정이 깃들어 있는 대화나 태도를 취한다. ■ □ ■ ■ ■
41. 일을 빨리 처리하는 것이 장기이다. ■ ■ □ ■ ■
42. 하고 싶은 말을 할 수가 없다. ■ ■ ■ ■ □
43. 상대를 바보 취급하거나 멸시한다. □ ■ ■ ■ ■

44. 노는 분위기(놀이)에 저항 없이 어울린다.	■ ■ ■ □ ■
45. 눈물에 약하다.	■ □ ■ ■ ■
46. 대화에서 감정적으로 되지 않고 이성적으로 풀어간다.	■ ■ □ ■ ■
47. 부모나 상사가 시키는 대로 한다.	□ ■ ■ ■ ■
48. 「당연히 …해야 한다」「…하지 않으면 안 된다」는 식의 말투를 잘 쓴다.	□ ■ ■ ■ ■
49. 「와 - 멋있다!」「굉장하군」「아하!」 등의 감탄사를 잘 쓴다.	■ ■ ■ □ ■
50. 당신은 열등감이 강합니까?	■ ■ ■ ■ □
합 계	□ □ □ □ □

※ 검사방법

1. □의 칸에 해당 점수를 기록한다.
2. □의 세로줄을 합산하여 합계란에 기록한다.
3. 뒤 이고그램 합계표 세로줄(가는선)에 점을 찍은 후 꺾은선 그래프를 그린다.

오케이그램 자아상태분석표(KTAA식)

<table>
<tr>
<td>성 명 : ____________
※ 다음 항목에 대한 대답을 보기와 같이 골라 공란□에 점수를 기입하세요. 현재 하고 있는 그대로를 체크해 주세요.</td>
<td>성별(남 · 녀) 연령 만 세
작성일 : 년 월 일

<보 기>
언제나 그렇다(매우 긍정) 5
자주 그렇다(약간 긍정) 4
그저 그렇다(보통) 3
좀처럼 거의 그렇지 않다(약간 부정) 2
전혀 그렇지 않다(완전 부정) 1</td>
</tr>
</table>

1. 나는 나 자신을 좋아한다. ■ ■ □ ■
2. 나는 타인으로부터 호감을 얻지 못하는 인간이다. ■ ■ ■ □
3. 나는 태어나서부터 소중하게 길러졌다고 생각한다. ■ ■ □ ■
4. 나의 탄생은 그다지 환영받지 못했다고 생각한다. ■ ■ ■ □
5. 나는 근본적으로 인간을 신용하지 않고 스스로 한다. □ ■ ■ ■
6. 나는 지금 생활에서 필요로 되는 유익한 인간이라고 생각한다. ■ ■ □ ■
7. 나는 자신을 쓸모없는 인간이라고 생각하는 경우가 있다. ■ ■ ■ □
8. 다른 사람의 행동방식이나 사고방식이 나와 달리하고 있을지라도 특히 싫지 않는 기분이다. ■ □ ■ ■
9. 상대를 존중하는 것은 그 기분을 이해하는 것이라고 생각하기 때문에 힘써 실행하고 있다. ■ □ ■ ■
10. 다른 사람으로부터 신뢰받는 사람이라고 생각하고 있다. ■ ■ □ ■
11. 나는 적극적으로 행동을 취하는 편이다. ■ ■ □ ■
12. 나는 소극적인 성격이므로 실패가 두려워서 매사에 손을 대지 않으려고 한다. ■ ■ ■ □
13. 때때로 상대를 매도하거나 꼼짝 못하게 하거나 한다. □ ■ ■ ■
14. 나는 자신이 한 언행에 대해 곧잘 후회한다. ■ ■ ■ □
15. 상대가 기대한 대로 해주지 않으면 매우 화가 난다. □ ■ ■ ■
16. 다른 사람의 장점보다 단점을 지적하는 편이다. □ ■ ■ ■
17. 나는 기본적으로 다른 사람을 믿는다. ■ □ ■ ■

18. 아이들을 포함해서 누구에게도 자신의 견해를 가질 권리가 있다고 생각한다. ■ □ ■ ■
19. 자신이 결단하여 행동하는 것이 잘 되지 않는다. ■ ■ ■ □
20. 자신의 용모에 자신이 없다. ■ ■ ■ □
21. 자신의 얼굴이나 모습에 매력이 있다고 생각한다. ■ ■ □ ■
22. 매사에 자신이 없기 때문에 대체로 다른 사람들이 하는 대로 따라 한다. ■ ■ ■ □
23. 다른 사람을 돕는 일은 나쁜 버릇을 키우는 일이므로 하지 않는다. □ ■ ■ ■
24. 자신의 능력 중 어느 면은 자신을 갖고 있다. ■ ■ □ ■
25. 사람들이 자기주장을 하거나 경제적으로 풍요하게 되는 것은 좋은 것이라고 생각한다. ■ □ ■ ■
26. 생각이나 행동방식을 자신과 달리하고 있는 사람은 가능한 한 무리에서 배제해 버리고 싶다. □ ■ ■ ■
27. 나는 대부분의 사람들과의 관계를 훌륭하게 해 가고 있다. ■ □ ■ ■
28. 다른 사람의 일이 순조롭게 되고 있을 때 좋은 일이라고 기뻐해 준다. ■ □ ■ ■
29. 다른 사람들 앞에서 이야기할 때 그다지 불안하거나 긴장되지 않고 자연스럽게 한다. ■ ■ □ ■
30. 친구나 동료와 함께 있는 것을 좋아하지 않으며 고독을 즐긴다. ■ ■ ■ □
31. 싫어하는 사람일지라도 함께 일을 잘 해낼 수 있다. ■ □ ■ ■
32. 후배나 부하가 나를 따르는 것은 당연한 것이라고 생각한다. □ ■ ■ ■
33. 사람들은 누구나 자신이 의사결정을 할 권리가 있다고 생각한다. ■ □ ■ ■
34. 동료가 실패해도 언제까지나 책망하지 않고 격려한다. ■ □ ■ ■
35. 나 자신을 그다지 존경할 수가 없다. ■ ■ ■ □
36. 동료에 비해 나의 타인에 대한 평가는 엄격하다. □ ■ ■ ■
37. 나는 그다지 다른 사람을 칭찬하지 않는 편이다. □ ■ ■ ■
38. 나는 대개 다른 사람이 하는 만큼은 할 수 있다. ■ ■ □ ■
39. 나는 다른 사람을 이용하여 자신의 입장이나 일을 잘하려고 하는 경향이 있다. □ ■ ■ ■
40. 나는 잘못을 하거나 실망을 하는 경우에도 전향적(前向的)으로 생각할 수 있다. ■ ■ □ ■

합 계 □ □ □ □

※ 뒤 이고그램 합계표 세로줄(굵은선)에 점을 찍고 그래프를 그린다.

이고그램 합계표

	비판적 지배적	과보호적 헌신적	기계적 현실적	개구쟁이 개방적	자기비하 의존적	
50						49
48						47
46						45
44						43
42						41
40						39
38						37
36						35
34						33
32						31
30						29
28						27
26						25
24						23
22						21
20						19
18						17
16						15
14						13
12						11
10						9
8						7
6						5
4						3
2						1

CP(U-)	NP(U+)	A	FC(I+)	AC(I-)
P			C	

※ 작성방법: 체크리스트에서 얻은 점수를「당신의 이고그램」상의 점선에 점을 찍은 후 꺾은 선 그래프를 그린다.
오케이그램 점수는 점선 또는 색깔을 다른 것으로 표시한다.

출처: 심성교육개발원 심리상담사 교재

② 양육적 어버이(Nurturing Parent: NP)

양육적 어버이는 자녀를 따뜻하게 돌보는 어머니처럼 보호적이며 배려적인 것이 내면화된 것이다. 상대방이 도움을 필요로 할 때 부모처럼 보살펴주고, 따뜻한 말을 해준다. 벌하기보다는 용서하며, 칭찬으로 지도하고, 다른 사람의 괴로움을 마치 자기의 일처럼 느끼는 양육적이고 상냥한 태도를 취한다. 그러나 그 정도가 지나치면 상대방의 독립심이나 자신감을 빼앗는 결과를 가져오기도 한다.

(2) 어른 자아(Adult ego)

어른 자아는 생후 18개월 즈음 되면 자신에 대한 자각과 독자적인 사고가 가능해진다. 그리고 혼자서도 어떤 일을 해낼 수 있다는 능력감을 가지게 되면서 12살 즈음 되면 정상적으로 기능하게 된다. 어른 자아는 실제와 사실을 중심으로 유용한 정보를 수집하고, 현실을 합리적으로 판단하여 적절한 해결책을 찾거나 의사결정을 내리는 기능을 한다.

어른 자아가 적절히 기능하면 정서적으로 안정되고, 행동의 자율성이 있으며, 개인내적인 만족 외에 사회적 문제에도 관심을 가진다. 감정에 지배되지 않는 냉정한 부분이 있으나 그렇다고 그것이 정신적으로 성숙함을 나타내는 것은 아니다. 그러나 어른 자아가 너무 강하면 감정을 나타내지 않는 인간미 없는 타산적인 사람으로 여겨진다. 어른 자아는 객관적이고 논리적인 기능을 대표하기 때문에 어버이 자아와 어린이 자아처럼 분리하지 않는다.

(3) 어린이 자아(Child: C)

5세 이전인 생의 초기 경험에서와 같이 실제로 느끼고 행동했던 것과 똑같은 감정이나 행동을 나타내는 자아상태이다. 인생 초기에 부모에게 대응을 했던 습관들의 반응양식도 해당이 된다. 어린이 자아상태는 독창적, 직관적, 반항적, 유순함으로 나타난다. 상대방이 부모처럼 행동할 때나 혹은 자신이 의존적이거나 또는 즐거운 생각을 하고 있을 때 작용을 한다. 개인의 실제 나이와 상관없이 진짜 어린아이처럼 행동하고 말하는 것이다.

① 자유로운 어린이(Free Child: FC)

자아상태 중 가장 선천적인 부분으로 부모의 행동에 영향을 받지 않는다. 누구에게도 구속받지 않고 자발적이며 자연스럽게 행동하는 성격이다. 감정적, 본능적, 자기중심적, 호기심이나 창조성의 원천이다. 이 자아가 작동하고 있을 때는 울고 싶을 때 울고, 웃고 싶을 때 웃는 등 자연적인 감정을 솔직히 표현하는 것이 가능하다. 일반적으로 자유로운 어린이 자아가 풍부하면 건강하다.

② 순응하는 어린이(Adapted Child: AC)

성장과정에서 부모의 애정을 잃지 않으려고 본래의 자기를 억제하고 부모의 영역 안으로 들어가기 위해 보이는 여러 가지 반응이다. 자신의 감정이나 욕구를 억제하고 부모나 교사의 기대에 순응하려는 성격의 일부분이다. 보통 말이 없고 얌전한 '말 잘 듣는 아이'에 속하며 대인관계를 원만히 해나가는 것처럼 보이지만 내적으로 여러 가지 문제를 가지고 있다. 자라면서 억눌린 것이 반항이나 격노로 이어지기도 한다. 순응하는 어린이 자아가 과도한 경우, 자유스러운 나를 극도로 억압하여 마치 어른처럼 행동해서 주위를 놀라게 하기도 한다.

(4) 자아상태의 구조분석

구조분석은 자아상태 모델의 관점에서 한 개인의 감정, 사고, 행동을 이해하기 위해 어버이(P), 어른(A), 어린이(C) 세 가지의 자아상태가 어떻게 구성되어 있는지를 분석하는 것이다. 구조분석을 통해 성격의 불균형을 발견하고 기능을 회복할 수 있도록 돕는 데 초점을 둔다. 구조분석을 할 때에는 세 가지 자아 중 주도적인 자아는 어느 것인지, 상황에 따라 주도권이 어떻게 달라지는지, 자기 자신의 독특한 행동양식은 어떤 것이며, 자신이 원하는 성격유형은 어떤 것인지를 살펴본다. 그리고 세 가지 자아상태가 상황과 경우에 따라 균형을 유지할 수 있는 능력을 갖추도록 지도한다.

(5) 자아상태의 기능분석

구조분석을 통해서 개인의 세 가지 자아상태의 구성을 살펴보았다면 기능분석은 각 자아상태가 어떻게 활용되는지를 분석하는 것으로, 구조분석을 기능적인 측면에서 더 세분화하여 보여 준다. 비판적 어버이(CP)와 양육적 어버이(NP) 두 어버이 자아와 어른 자아 그리고 자유로운 어린이(FC)와 순종적인 어린이(AC) 두 어린이 자아 등 모두 5가지 자아의 역할이 제 기능을 하는지 분석하는 것이다.

각 자아가 제 역할을 하지 못할 때 일으키는 대표적인 예로 '오염(contamination)'과 배척(exclusion)'을 들 수 있다. '오염'은 각 자아의 경계선이 지나치게 이완되어 있어서 한 자아의 상태가 다른 자아상태를 침범하게 되는 경우이다. 예를 들면, 어린이 자아가 어른 자아를 침범하게 되면 어린아이처럼 공포증을 느낀다거나 망상과 환각 속에 빠질 수 있다. '배척'은 각 자아의 영역이 지나치게 경직되어 있는 경우로 하나의 자아 기능을 너무 오래 사용해서 발생하게 되는 문제이다. 예를 들어, 어버이 자아를 사용하지 않는 경우는 죄책감을 느끼지 못하며, 어버이 자아만 사용하는 경우 비판적이고 권위적이어서 잘 놀지 못하는 사람이다. 기능적인 인간은 이 다섯 가지 기능을 충분히 활용하는 사람이다.

TA 성격행동의 분류일람표

구조분석	기능분석	자아상태	태도
「어버이」 Ⓟ 가르침 받은 나	「비판적 어버이」 CP	비판적. 통제적. 규제적. 보수적. 봉건적. 권위적. 편견적. 도덕적. 정의감. 문화적. 전통적. 관습적.	• 결코~해서는 안돼 • 옳다 그르다 • 단정적, 위압적 • 설교조, 강압조 • 간섭, 깔봄
	「양육적 어버이」 NP	양육적. 보호적. 동정적. 구호적. 지지적. 응석받기. 염려. 배려. 돌봄. 위로. 도와줌.	• ~이 걱정된다 • 참 잘했어 • 온화함 • 다정다감함 • 포옹, 스킨십
「어른」 Ⓐ 생각하는 나	「이성적 어른」 A	이성적. 논리적. 합리적. 과학적. 객관적. 능률적. 사실중심. 현실지향. 컴퓨터적. 통계적. 정보수집. 계산적.	• 안정됨 • 침착한 목소리 • 냉담함 • 내가 생각하기로는 • 주의 깊게 들음
「어린이」 Ⓒ 느끼는 나	「자유스런 어린이」 FC	본능적. 자발적. 자동적. 직관적. 창조적. 호기적. 적극적. 충동적. 향락적. 반항적. 자기중심적. 공상적.	• 와! 야! 신난다! • 재치, 재능 • 자유분방함 • 밝고 명랑함 • 희노애락 직접표현
	「순응하는 어린이」 AC	순응적. 소극적. 폐쇄적. 감정억압. 비대결. 자기연민. 걱정. 순종. 신중. 착한아이. 의존적. 타율적. 자학적.	• 고분고분하다 • 우물쭈물함 • 눈치 살핌, 불안 • 틀어박힘 • ~해도 될까요.

KTAA행동패턴조견표

CP-높은 점수	상대에게 주는 영향	어드바이스	낮은 점수	상대에게 주는 영향	어드바이스
이상을 추구한다. 양심에 따른다. 규칙을 지킨다. 피가 통한다. 의무감, 책임감이 강한 노력가	건성으로 대답한다. 중도에서 그만두는 것을 허용하지 않는다. 비판적이다. 자신의 가치관을 절대적이라고 생각한다.	완벽주의를 버리고 상대의 좋은 점이나 생각을 인정하는 여유를 갖는다. 일이나 생활을 즐기도록 한다.	천성이 대범하고 유연하다. 융통성이 있다. 일정한 틀로 파악할 수 없다. 유연함이 있다. 한가롭고 평온하다.	미적지근하다. 구분이 불분명하다. 판단력이 모자란다. 규율을 지키지 않는다.	자기 자신에게 의무를 부과하고 책임을 갖고 행동하도록 한다. 사물의 구분을 중요시한다. 판단력을 기른다.

NP-높은 점수	상대에게 주는 영향	어드바이스	낮은 점수	상대에게 주는 영향	어드바이스
상대에게 공감, 동정, 돌보기를 좋아한다. 상대를 받아 들인다. 봉사정신이 풍부하다. 약한 자를 두둔한다.	지나치게 보호, 간섭한다. 상대의 자주성을 해친다. 상대의 응석을 받는다.	자신과 상대의 관계를 가능한 한 냉정하게 파악하고 참견이나 간섭이 되지 않도록 한다.	산뜻하다. 단백하다. 주변에서 일어나는 일에 간섭하지 않는다.	상대에게 공감, 동정하지 않는다. 다른 사람의 일에 마음을 쓰지 않는다. 따뜻함이 없다.	가능한 상대에게 동정심을 갖도록 노력한다. 가족이나 친구에게 서비스를 한다. 돌보아 준다.

A-높은 점수	상대에게 주는 영향	어드바이스	낮은 점수	상대에게 주는 영향	어드바이스
이성적이다. 합리성을 존중한다. 침착하고 냉정하다. 사실에 따른다. 객관적으로 판단한다.	기계적이다. 타산적이다. 냉철하다.	매사에 타산적으로 생각하지 말고 자신의 감정이나 상대의 기분에도 눈을 돌린다.	인간미가 있다. 좋은 사람이다. 순박하다.	현실을 무시한다. 계획성이 없다. 생각이 정돈되어 있지 않다. 논리성, 판단력이 모자란다.	정보를 수집하고 다양한 각도에서 사물을 생각한다. 스스로 해결하고 상담을 하도록 한다.

FC-높은 점수	상대에게 주는 영향	어드바이스	낮은 점수	상대에게 주는 영향	어드바이스
천진난만하다. 호기심이 강하다. 직감력이 있다. 활발하다. 창조성이 풍부하다.	자기중심적이다. 동물적이다. 감정적이다. 말하고 싶은 대로 해버린다.	그때의 기분이나 감정으로 행동하지 말고 선후를 생각하도록 한다. 한 번 호흡하고 행동하면 좋다.	얌전하다. 감정적으로 되지 않는다.	재미가 없다. 어두운 인상을 준다. 무표정하고 희노애락을 나타내지 않는다.	마음의 문을 닫아버리지 않도록 될 수 있는 한 명랑하게 행동하며 기분을 돋군다. 스포츠, 여행, 외식을 하러 가는 것도 좋다.

AC-높은 점수	상대에게 주는 영향	어드바이스	낮은 점수	상대에게 주는 영향	어드바이스
협조성이 풍부하다. 타협성이 강하다. 착한 아이다. 순종한다. 신중하다.	조심스럽다. 의존심이 강하다. 참아버리고 만다. 주저주저한다. 앙심을 품는다.	느낀 것을 망설이지 말고 표현한다. 스스로 자신이 있는 것부터 실행해 본다.	자신의 페이스를 지킨다. 자주성이 풍부하다. 적극적이다. 높은 철학을 가지고 있다.	상대가 말하는 것을 듣지 않는다. 일방적이다. 접근하기 어렵다는 인상을 준다. 독단적이다.	상대입장이 되어 생각하거나 의견을 듣는다. 상대입장을 세워주고 존경한다. 타인우선의 태도를 몸에 붙인다.

출처: 심성교육개발원 심리상담사 교재

2) 교류패턴분석

위의 구조분석은 P, A, C를 개인의 내적인 면에 초점을 두었다면 교류패턴분석은 개인과 개인 사이에 초점을 둔다. 교류패턴분석은 자아상태의 모델인 P, A ,C를 바탕으로 두 사람 사이에서 이루어지는 상호작용 또는 의사소통을 관찰, 분석하여 개인의 행동을 이해하고 예견하는 방법이다. 교류패턴분석은 사람들 간에 일어나는 교류의 과정에서 각각의 P, A, C가 어떻게 관여하고 작용하는지 파악하여 의사소통이나 대인관계의 문제를 해결하고 개선하는 데 유용하게 적용할 수 있다.

교류는 두 사람 사이의 각자 P, A, C 중 어느 상태에서 기능하느냐에 따라 교류의 형태가 달라지는데, 그것을 교류패턴이라고 한다. 교류패턴은 상보교류, 교차교류, 이면교류 3가지로 나누어진다.

(1) 상보교류

상보교류(complementary transaction)는 발신자가 기대하는대로 수신자가 반응하는 교류로 상호지지하고 상호보완적인 의사소통을 하는 것이다. 이 교류는 언어적 메시지와 비언어적 메시지가 일치되고 동일한 자아 상태에서 작동이 되며 평행선을 이룬다. 또한 상대방이 어떤 자아상태에서 보낸 자극인지를 파악하고, 상대방이 원하는 반응을 해 주는 것이다.

(2) 교차교류

교차교류(crossed transaction)는 발신자가 기대하는대로 반응이 오지 않고 예상외의 다른 자아상태의 반응이 되돌아오는 경우를 말한다. 상대방이 원하는 욕구가 무시되거나 잘못된 이해로 인해 나타나는 교류의 유형이다. 교차교류는 의사소통이 제대로 이루어지지 않는 느낌이 들고 대화의 단절을 가져와 인간관계의 고통의 근원이 된다.

(3) 이면교류

이면교류(ulterior transaction)는 발신자와 수신자의 언어적 메시지인 말이 실제 속마음을 위장하는 복잡한 상호작용을 하는 의사소통이다. 겉으로는 당연해 보이는 메시지를 보내고 있으나 그 주된 요구나 의도 또는 진의가 이면에 숨겨져 있다. 이중메시지를 전달하고 심리적 게임을 하는 의사소통이다.

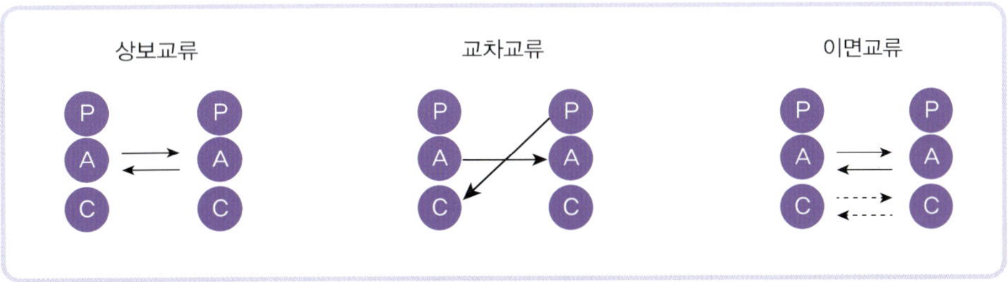

아이: 엄마 장난감이 부러졌어요.
엄마: 그래, 내가 고쳐줄게.

아이: 아빠, 배 아파요.
아빠: 공부가 하기 싫은 모양이구나.

점원: 이것이 좋기는 한데 가격이 부담스러우실 텐데요! (이 값을 지불할 능력이 있어요?)
고객: 이것으로 주세요.(이 건방진 녀석에게 내가 돈이 있다는걸 보여줘야지)

3) 금지명령과 초기결정

부모가 자녀를 양육할 때 자녀의 행동에 대해 허용을 하기도 하고 못하도록 금지명령을 내리기도 한다. 금지명령은 부모가 자녀의 행동을 허용하지 않고 금지하는 것이다. 또는 자녀가 부모의 메시지를 왜곡하거나 잘못 해석해서 자신에게 금지명령을 부과하기도 한다. 금지명령은 대체로 부모 자신의 불안, 고통, 분노, 좌절, 절망, 불행과 관련이 되어 있다. 이는 심리적으로 불안정한 부모가 어버이 자아를 쓰기보다 어린이 자아상태에서 자녀의 어린이 자아에게 주는 부정적 메시지인 것이다.

자녀의 행동을 어떻게 금지시켰느냐의 금지명령과 얼마나 허용했느냐의 허용과 같은 부모의 양육태도에 따라 아동은 자신에 대한 어떤 결단을 내리게 되는데, 이것을 초기결정이라 한다. 부모의 허용과 금지명령은 아동이 자신과 타인 그리고 세상에 대한 결정을 내리게 한다. 부모의 허용적 양육에 의한 초기결정은 긍정적인 생활자세를 형성하게 되고, 금지명령의 양육태도에 의한 초기결정은 부정적 생활자세를 형성하게 된다. 이 부정적 초기결정 이후 생활자세와 인생각본이 되어 살아가게 된다. 그러나 이 초기결정이 어린 시절 특정 상황에서는 적절하였을지라도 성인이 되어서는 부적절한 것이다. 문제가 되는 10가지 부모의 금지명령과 거기에 따른 아동의 초기결정은 다음과 같다.

첫째, 하지 마라, 해서는 안 된다.

겁을 먹은 부모가 주는 금지명령이다. 사고나 위험한 일이 일어날 것이라는 공포로 아동이 정상적인 일을 하지 못하게 만든다. 예를 들어, "칼을 만지지 마라", "고장나니까 만지지 마라"처럼 금지하는 말이다.

초기결정:

아동은 자신이 하는 것은 무엇이나 옳지 않고 안전하지 않다고 믿는다. 그리고 남이 자신을 보호하고 결정해 주기를 원한다. "나는 스스로 결정할 수 없다, 남이 내가 무엇을 해야 하는지 말해주면 좋겠다", "다시는 내 스스로 결정하지 않겠다", "실수가 두려워 잘못된 결정을 내리면 어쩌나 겁이 난다. 그래서 난 결정하지 않겠다"라는 결정을 내리게 된다.

둘째, 없어져라.

금지명령 중 가장 치명적인 말로서 자녀의 존재 자체를 거부하고 부정하는 것이다. "네가 안 태어났더라면 우리가 이 고생을 안 해도 되는데…", "너를 낳은 것이 큰 실수였다", "네가 딸(아들)이라서 실망했다" 등의 금지명령은 무관심과 잔인함으로 나타나기도 한다.

초기결정:

"당신이 나를 사랑해 주기만 한다면 나는 죽어도 괜찮다", "나는 당신이 원하는대로 할 것이고 죽은 듯이 지낼 것이다", "내가 딸(아들)이라서 별수 없다, 아들(딸)처럼 되자"와 같은 결정을 내리게 된다. 이러한 초기결정은 이후 절망감과 무력감이 높게 나타나고 자신이 남에게 방해가 되는 사람이라고 생각해서 관계 속에서 물러나 있게 된다.

셋째, 가까워지지 마라, 믿지 마라, 사랑하지 마라.

신체적으로 가까이 하지 않는 부모, 냉정하게 행동하거나 사랑을 충분히 주지 않는 부모가 주는 메시지이다. "엄마 옆에서 귀찮게 하지 말고 저리 가!"와 같은 말이 그 예이다.

초기결정:

"나는 누구한테도 가까이 가지 않을 것이다. 그렇게 하면 그 사람이 떠나기 때문이다", "가까이 가면 내가 상처받을 수 있으니까 가까이 가지 않을 것이다", "나는 아무도 믿지 않을 것이다"와 같은 결정을 한다. 이 초기결정으로 인해 심한 감정변화로 이어지게 되고, 그것이 공격적일 수 있어서 인간관계가 쉽지 않다. 상대방이 싫어하는 행동을 하거나 안정된 분위기를 깨뜨리는 행동을 하기가 쉽다.

넷째, 중요한 사람이 되지 마라.

"어른들 얘기하는데 끼어들지 마라", "너는 어리니까 가만히 있어", "네가 뭘 할 수 있다고 나대는 거냐"와 같은 말로 어떤 식으로든 인간적으로 경시받는다고 느끼게 하는 경우이다. 또는 아이가 노력하여 어떤 성취를 이루었는데도 부모가 정당하게 평가하거나 인정해 주지 않는 것을 말한다.

초기결정:

아동은 중요한 사람이 되지 않기로 하고 부모님이 원하고 필요로 하는 것을 요구하지 않기로 한다. "나는 결코 중요하게 되지 않을 것이다, 중요하다고 느끼지도 않을 것이다", "내가 값진 일을 해도 아무도 모르게 할 것이다." 이런 초기결정은 늘 그늘에서 남의 뒷바라지하는 것에 만족해 하고 역경을 헤쳐나가지 못하며 열등감에 사로잡혀 있게 된다.

다섯째, 어린아이처럼 행동하지 마라.

주로 맏이에게 주는 메시지로 다른 아이들을 책임지고 돌보아 주어야 한다는 의미이다. "까불지 마라", "언니(형)다워야지 그게 뭐냐", "울지 마라" 등의 말로 어른이 되어서 오락을 하거나 아이처럼 행동하는 것이 몹시 어렵다.

초기결정:

"나는 항상 신중하고 성숙하게 행동할 것이고, 유치한 행동은 하지 않을 것이다", "나는 다른 사람들을 돌보아 줄 것이고, 나를 위해서는 그들에게 아무것도 요구하지 않을 것이다"와 같은 결정을 내린다. 이들은 일 중독자처럼 열심히 일하며 자기 희생을 즐겁게 여긴다. 애어른의 모습을 보이고 친구들보다 어른이나 선생님과 함께 있는 것을 좋아한다.

여섯째, 자라지 마라.

아이가 자기 곁을 떠나는 것이 두렵거나 과잉보호하거나 지나친 간섭을 하거나, 자식을 자신의 부속물처럼 여기는 부모가 주는 메시지이다. "더 크지 않고 이 모습 그대로 있으면 좋겠다", "커서 내 곁을 떠나면 어떡하지?"와 같은 금지명령은 아이들이 성장한다는 사실을 받아들이기 힘들어 하는 부모들이 제공한다.

초기결정:

"부모가 나를 거부하지 않도록 하기 위해 나는 어린아이로 무력하게 남아 있을 것이다", "아이로 남아 있어야 부모가 잘해준다"와 같은 결정을 내린다. 이러한 결정을 내린 사람은 매우 의존적이고 사회인이 되는 것을 피하고 자기애에 빠질 가능성이 높다.

일곱째, 성공하지 마라.

부모가 아이를 극단적으로 비난하거나 비판하는 메시지를 보내는 것이다. "너는 무엇 하나 제대로 해내는 것이 없다" "네 주제에 뭘 한다고 그러니?", "그렇게 하는데 잘 될 일이 있겠니?" 등으로 실제로 실패했을 때 반응을 보이게 된다. "그럴 줄 알았다", "네가 잘 해낼 리가 없지" 등의 반응이 자녀로 하여금 '성공하지 말아야겠다'라는 결정을 내리게 만든다.

초기결정:

"나는 원래 할 수 있는 것이 아무것도 없다", "내가 아무리 잘했다고 해도 부족한 것이 많다", "죽더라도 내가 바보가 될 수 있다는 것을 엄마(아빠)에게 보여 줄 것이다"와 같이 이 결정으로 어떤 일을 성공적으로 잘 해 놓고 보잘 것 없는 실수로 일을 그르치거나 자신의 능력을 과소평가한다.

여덟째, 자신이 되지 마라.

자녀가 현재의 성이 아니었길 바라는 것이다. "너는 잘 못 태어났다. 네가 아들(딸)이었다면 얼마나 좋았겠니", "너까지 아들(딸)이어서 내가 힘들다"와 같은 금지명령이다.

초기결정:

"내가 무엇을 하든 그들을 결코 기쁘게 해줄 수 없다", "나는 남자(여자)처럼 행동할 것이다"라는 결정을 내리게 되고 부모가 원하는 대로 되기 위해 노력한다. 이러한 결정을 하게 되어 성인이 된 후 결혼의 기회를 잃게 되거나, 자신과 반대의 성을 가진 사람과 경쟁하려 한다거나, 성적인 장애나, 동성애, 이혼의 반복 등이 일어날 수 있다.

아홉째, 건전하거나 건강하지 마라.

부모는 아이가 평상시 잘 지내고 있을 때는 반응을 주지 않다가 아이가 다쳤거나 질병을 앓거나, 이상한 행동을 했을 때 관심을 주게 된다. "뭐, 사줄까? 뭐 먹고 싶어?", "아파서 어떡하나, 많이 아프니?", "얘가 안하던 행동을 하고 왜 이러지?" 등이다.

초기결정:

"내가 관심 받으려면 아파야겠구나", "이상한 행동을 해야 관심을 주는구나"와 같은 결정을 내리게 된다. 이러한 초기결정으로 인해 늘 병치레를 하거나, 아예 건강에 신경을 쓰지 않거나, 치료를 중단하는 행동을 하기도 한다.

열 번째, 소속되지 마라.

친부모가 아니거나 부모가 우월적 지위를 가졌다고 생각하거나, 종교적 편향 또는 비사교적인 경우에 주는 메시지이다. "우리와 함께 하려고 하지 마라", "저런 애하고 놀지 마라", "그 집 아이를 데려오다니!" 등의 금지명령이다.

초기결정:

"어디에도 속해있지 않기 때문에 아무도 나를 좋아하지 않을 것이다", "나는 어디서도 편할 수가 없어"라는 초기결정을 내리게 된다. 이 초기결정은 성인이 되어 사람들과 어울리기 어렵고 고립된 생활을 하기 쉽다.

4) 생활자세

앞에서 살펴본 바와 같이 부모가 자녀의 행동을 허용하느냐 금지하느냐 혹은 자녀 자신의 왜곡에 의해서 인생의 초기결정을 내리게 된다. 이 초기결정은 이후의 삶에 대한 생활자세(life position)를 갖게 만든다. 이 생활자세는 자신을 긍정적으로 보는 측면과 부정적으로 보는 측면, 타인을 긍정적으로 보는 측면과 부정적으로 보는 측면 4가지로 발달한다. 이 4가지 조합에 따라 4가지의 생활자세 유형으로 분류된다(강갑원, 2012, 천성문 등, 2006).

(1) 자기긍정-타인긍정(I'm Ok-You're OK)

가장 바람직하고 생산적인 인간관계로 어른 자아가 기능을 하기 시작하면서 형성이 된다. 자신을 존중하고 소중하게 여기며 타인과도 더불어 함께 한다. 또한 정신적, 신체적으로 건전하고 사물을 건설적으로 대한다. 그리고 타인의 존재를 충분히 인정하는 건설적 인생관을 가진 건강한 사람으로 성장해 나간다.

(2) 자기긍정-타인부정(I'm Ok-You're not OK)

공격적인 생활자세로 자신의 잘못을 타인 탓으로 돌려 자신이 박해를 받는 것으로 생각한다. 그러나 실제로는 타인을 박해하고 희생시키고 있다. 이는 어린 시절 학대를 받았거나 심한 상처로 인해 부모에 대한 반항심으로 형성이 된 것이다.

(3) 자기부정-타인긍정(I'm not OK-You're OK)

출생 시 경험하는 생활자세로 자신은 무능하며 타인의 도움이 없이는 살 수 없다는 좌절감을 경험하게 된다. 이러한 의식이 자기-긍정, 타인-긍정으로 바뀌게 되나 그렇지 못한 경우 성인이 되어서 타인과 친밀한 관계를 맺기가 어렵고 열등감과 우울, 무력감을 느끼게 된다.

(4) 자기부정-타인부정(I'm not OK-You're not OK)

생후 1년을 전후해서 나타나는 생활자세로 스스로 다양한 행동을 해보지만 실패를 거듭하게 된다. 부모가 도와주기보다 벌까지 준다. 이렇게 성장하게 되면 인생이 허무하고 무가치하다고 여기며 절망에 가득찬 것으로 지각한다. 타인을 부정하기 때문에 아무도 도와줄 수 없다고 여기며 자포자기한다. 심한 정신적 문제를 가지게 될 가능성이 높다.

자기긍정-타인긍정 (I'm Ok-You're OK) : 건강한 인생관	자기긍정-타인부정 (I'm Ok-You're not OK) : 강박증적 경향, 독선, 배타
자기부정-타인긍정 (I'm not OK-You're OK) : 무력감, 열등감, 자책	자기부정-타인부정 (I'm not OK-You're not OK) : 정신적 문제, 불신, 포기

생활자세

5) 게임

숨겨진 동기를 가지고 이면교류를 하는 것을 게임이라고 한다. 게임의 당사자는 자신이 게임을 하고 있다는 것을 의식하지 못한다. 표면상으로는 그럴듯하게 상대와 교류를 하지만 왜곡된 형태로 자신의 사랑받고 싶은 욕구를 충족시키려는 시도이다. 게임의 결과는 최소한 한사람 이상의 나쁜 감정을 가지게 되는 교류이다.

(1) 번(Bern)의 게임공식

번(Bern)은 게임이 진행되는 과정을 다음과 같이 제시하였다.

① 게임을 하려는 사람이 숨겨진 동기를 가지고 게임할 상대를 찾는다.

② 약점이 있는 상대가 걸려든다.

③ 걸려든 상대에게 계략을 사용하면서 게임은 시작된다.

④ 처음에는 표면적인 상보교류로 시작한다.

⑤ 게임은 서서히 확대되면서 교차교류의 형태를 띤다.

⑥ 서로 엇갈림, 대립, 허둥대기와 같은 형태의 혼란이 생긴다.

⑦ 서로 불쾌한 감정을 맛보면서 끝나게 된다.

예를 들면 다음과 같은 교류이다.

① 아들: 아빠, 나는 바보야 그렇지?(아빠가 아무리 도우려고 해도 안될걸요?)
아빠: 너는 바보가 아니야.(아들을 도와 주어야지)

② 아들: 요전에 선생님이 나를 바보라고 했는데?(상보교류)
아빠: 그것은 네가 공부를 하지 않으면 바보가 된다는 얘기야.(상보교류)

③ 아들: 하지만 나는 바보예요. 엄마도 바보라고 했어요!(게임의 확대)
아빠: 너는 바보가 아니야.(게임의 확대)

④ 아들: 아니! 나는 바보야!(교차교류)
아빠: (큰소리로)바보가 아니라니까! 몇 번이나 말해야 알아듣겠니? 이 바보같은 녀석아!(교차교류)

⑤ 아들: 으앙. 아빠 나빠!(운다)
아빠: 에이! 한심한 놈!

이와 같이 게임은 자신도 모르게 진행되고 반복적으로 일어난다. 게임을 감소시키고 진정한 삶을 살아가려면 게임의 과정을 이해하고 진실한 교류를 해야 한다.

(2) 골딩과 골딩의 게임공식

골딩과 골딩(Goulding & Goulding)은 표면적으로 전달되는 언어뿐만 아니라 표정이나 목소리, 태도 등의 비언어적인 내용들이 게임의 중요한 요소이며 영향을 끼친다고 하였다. 게임의 진행과정은 다음의 4단계로 설명된다.

① 표면적 직선적 자극(언어)
② 암시적 자극(비언어적)
③ 암시적 자극에 대한 반응
④ 만성적인 부정적 감정(결말)

예를 들면
① 엄마의 언어: '네 방이 엉망이구나, 책상과 침대 정리 좀 해라.'
② 엄마의 비언어: 짜증 섞인 목소리, 인상 쓰는 표정
③ 딸의 언어: 알았어.
딸의 비언어: 볼에 바람이 들어가고 퉁명스러운 말투
④ 엄마의 부정적 감정: 뭘 제대로 하는 것이 없어, 화나게 스리.
딸의 부정적 감정: 매일 혼만 내고 그래, 기분 나쁘게.

(3) 드라마 삼각형

카프만(Karpman, 1968)은 사람들 간의 심리적 게임이 마치 연극에서 배우가 교체되는 것처럼 극적인 역할 교체가 일어난다고 보고, 교류에서의 게임으로 드라마 삼각형(drama triangle)을 제시했다.

삼각형은 박해자(persecutor), 희생자(victim), 구원자(rescuer)의 세 역할로 구성된다.

① 박해자: 인간관계에서 주도권을 가진 사람이 억압, 지시, 통제를 하며 주로 비판적 어버이(CP)가 그 기능을 담당한다. 가정에서 부모, 직장에서의 상사가 이 역할을 수행할 때가 많다.
② 희생자: 핍박과 희생, 인내가 요구되는 사람을 말하며 주로 순응적 어린이(AC)가 기능한다. 희생자는 때로는 박해자로 하여금 자신을 발로 차게 만드는 행동을 자처하기도 한다.

③ 구원자: 희생자를 구제해주거나 박해자를 지지하여 박해자와 희생자를 화해시키거나 중재역할 또는 관대한 태도를 취하는데 주로 양육적 어버이(NP)가 그 기능을 한다. 반복되는 구원자 역할은 희생자의 의존성을 키우게 된다. 또한 구원자는 때로는 희생자를 핍박하는 박해자가 되기도 한다.

그러나 이 삼각형 내에서 각각의 역할은 상황에 따라 언제든지 바뀌게 된다.

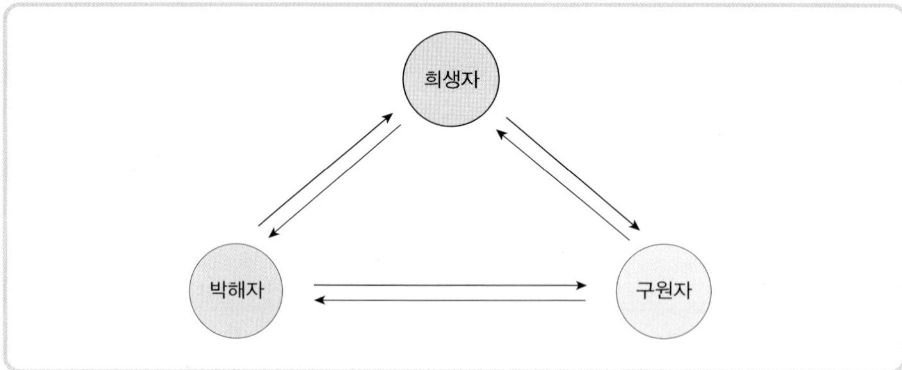

드라마 삼각형

다음은 흔히 가정 내에서 일어나는 예이다. 아들의 중간고사 성적표를 받아든 아버지(박해자)가 아들(희생자)을 혼내는 과정에서 어머니(구원자)의 개입이 드라마처럼 펼쳐진다.

① 아버지(박해자): 평소 게임만 하더니 꼴 좋다. 이게 성적이냐? 응? 대체 뭐가 될려고 이 모양이냐!

② 아들(희생양): .... (겁 먹고 안절부절)

③ 어머니(구원자): 그만하세요. 그래도 밤늦게까지 공부하고 나름대로 열심히 하더라구요.

④ 아버지(박해자): 당신은 왜 끼어듭니까? 집에서 애 하나 관리 못하면서...

⑤ 어머니(희생양): 나는 뭐 하루 종일 노는 줄 알아요? 그러는 당신은 왜 아들 신경 안 쓰는데요?

⑥ 아들(구원자): 그만하세요. 제가 잘못했어요. 앞으로 더 열심히 할게요.

6) 스트로크(인정자극)

스트로크(stroke)는 '어루만지다', '쓰다듬다', '달래다'라는 뜻으로 '다른 사람의 존재를 인정해주는 모든 행위'로 해석된다. 간단하게는 '인정을 해주기 위한 자극' 또는 '인정자극'으로 표현한다. 인정자극으로 포옹, 쓰다듬기 등의 신체적 스트로크가 있고, 표정, 감정, 태도, 언어, 관심 등의 심리적 스트로크가 있다.

태어난 후 양육자로부터 받는 인정자극은 한 개인의 성격과 성품형성에 밑거름이 된다.

(1) 긍정적 스트로크

"나는 당신을 좋아한다"라는 의미로 그 사람 자체에 대한 인정을 말한다. 다정한 신체접촉, 수용하는 언어, 친절한 몸짓으로 표현된다.

(2) 부정적 스트로크

"나는 당신을 좋아하지 않는다"라는 의미가 내포되어 있다. 언어적, 비언어적으로 표현된다.

(3) 조건적 스트로크

"당신이 내가 원하는 방식으로 행동한다면 나도 당신을 좋아할 것이다"라는 뜻으로 행동하는 대가로 인정을 해주는 것이다.

(4) 무조건적 스트로크

"나는 당신이 누구이든, 당신이 어떤 존재이든 상관없이 있는 그대로의 당신을 수용하며, 우리는 우리의 차이점을 서로 이해하고 우리의 어려움을 함께 해결하기 위해 협력할 것이다"라는 의미로 상대의 존재나 행동에 관계없이 인정과 관심을 주는 것이다.

7) 시간의 구조화

인간은 인정자극을 충족시키기 위해 여러 사회적 상황에서 시간을 구조화시키려고 한다. 시간의 구조화란 개인이 인정자극을 받기 위해 자신의 시간을 어떻게 사용하는지, 생활을 어떻게 수단화시키는지를 알아보는 것이다. 시간의 구조화는 6개의 범주로 분류하고 있다.

(1) 물러나 있기(withdrawal)

자신을 타인과 멀리함으로써 신체적, 심리적으로 인정자극을 얻는 방법이다. 대인관계를 멀리하며 혼자서 시간을 보내며 백일몽이나 공상에 잠기는 자기애적인 경향이 있다. 자기애적인 껍질 속에 숨어서 산다.

(2) 의례(ritual)

사회적, 문화적으로 인정되는 전통이나 관습 속에서 시간을 보내며 겨우 인정자극을 받는 것이다. 즉, 상호존재를 인정하면서 특별히 친하게 지내는 사람 없이 의례적인 시간을 보내는 것으로 간단한 인사나 예배, 결혼식 참여 등이 여기에 해당된다. 자신을 노출하지 않아도 되므로 안전한 교류가 가능하다. 짧은 시간의 교류로 최소한의 인정자극만 교환된다.

(3) 잡담(pastime)

특별한 목적 없이 다른 사람과 이야기하며 의미 없이 시간을 보내는 것을 말한다. 상대를 잘 모르는 곳에서 직업, 스포츠, 여행 등의 이야기를 나누거나, 일상적인 만남에서 소일거리로 날씨, 자녀, 음식, 정치, 경제, 사회, 문화 등의 이야기를 주고받으면서 자신의 사회적 위치를 확고하게 하는 인정자극이다. 큰 정서적 동요 없이 인정자아를 교환하면서 상호만족이 얻어지고, 서로의 역할이 명확해져서 안정감을 얻는 것이 이점이다. 그러나 의례처럼 인정자극의 정도는 낮은 편이다.

(4) 활동(activity)

뚜렷한 목표가 있는 활동을 하면서 서로 인정자극을 주고받는 것으로 일상적으로 일(work)이라고 불리워지는 것을 말한다. 일을 하면서 교류를 하는 형태이며 대체로 창조적이고 생산적인 면이 있어서 인정자극을 받기는 하지만 인간관계에서 고립의 도피처가 될 가능성이 높다.

(5) 게임(game)

인정자극을 비뚤어진 형태로 얻으려는 사람들에게서 보여지는 이면 교류의 방식이다. 주고받은 후에 승부가 나서 결과적으로 분노, 우울, 죄책감 같은 불쾌한 감정을 맛보는 것이 특징이다. 기본적으로 솔직하지 못하며 자신의 부정적 생활 태도로 인해 대인관계에서 친밀감을 형성하기 어려운 사람들이 흔히 취하는 시간의 구조화다.

(6) 친밀함(intimacy)

두 사람이 서로 신뢰하고 상대에 대하여 순수한 배려를 행하는 관계이다. 이 관계가 성립되려면 두 사람 모두 자기긍정-타인긍정(I'm Ok-You're OK)의 기본적 태도가 필요하다. 그러나 배신당한 경험이 있는 사람은 친밀한 관계를 피하기도 한다.

이상의 여섯 가지 인정자극에서 친밀함을 제외한 다섯 가지는 그때그때 인정욕구를 충족시켜 주지만, 타인과 일정한 거리를 두기 때문에 결국 현실에서 깊은 관계를 맺지는 않고 다른 사람과 격리시키는 면이 있다. 마지막 친밀함은 깊은 인간관계를 맺을 수 있는 인정자극이다. 시간의 구조화 속에서 단 한 사람일지라도, 아주 짧은 시간이더라도, 잠깐의 만남일지언정 진실된 친밀함을 나눈다면 그들은 행복한 사람이다.

3 심리적 증상의 형성과정

지금까지 살펴본 바와 같이 인간의 심리적 문제는 어린 시절 부모의 금지명령에 대한 아동의 초기결정과 밀접한 관계에 있다. 이러한 결정이 긍정적인지 부정적인지에 따라 생활자세가 결정되고 그 사람의 인생 각본의 핵심이 된다. 이 각본이 자기부정-타인부정의 경우에는 패배자의 각본이 될 수 있다. 이 각본을 선택하게 되면 부적응 상태에 놓이게 되면서 정신병리로 이어지게 된다.

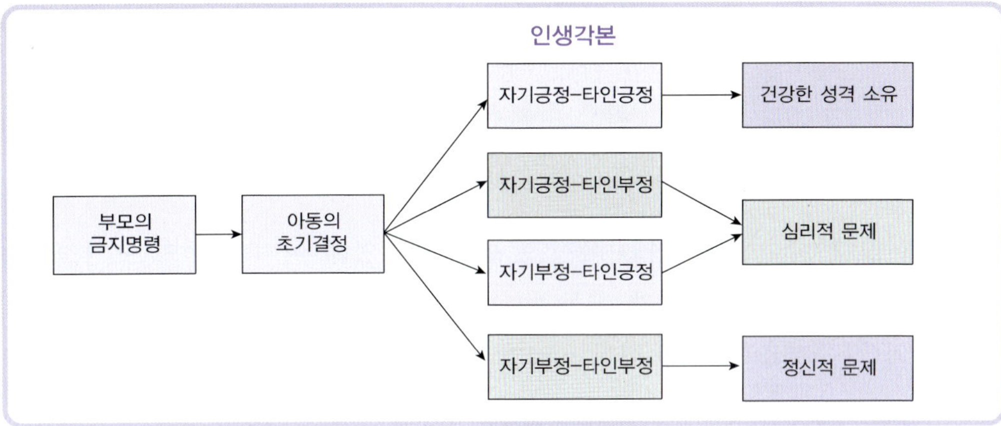

심리적 증상의 형성과정

4 상담과정과 기법

1) 상담목표

교류분석상담의 주된 목표는 자아구조분석, 교류패턴의 분석, 인생각본분석, 게임분석 등을 통해 자신의 삶에 책임을 지고 스스로 자신을 지도할 수 있는 자율적인 인간이 되도록 돕는 것이다. 번(Berne, 1972)은 이 자율성을 갖기 위해 내담자로 하여금 깨달음(awareness), 자발성(spontaneity), 친밀함(intimacy)을 회복하도록 도울 것을 강조한다.

① 깨달음: 자기 자신의 자아구조 패턴을 보고 들을 수 있는 능력이다. 깨달음을 통해 성인자아가 다른 자아의 오염에서 벗어나 정상적으로 기능하도록 한다.

② 자발성: 선택의 자유를 말하는 것으로 선택이 가능한 여러 자아로부터 자신의 감정을 선택하고 표현할 수 있는 자유를 의미한다. 이는 심리적인 게임이나 어릴 때 초기결정으로 인한 강박관념으로부터 벗어나는 것을 말한다.

③ 친밀함: 지금-여기에서 다른 자아로 오염되지 않은 어린이 자아의 자유를 의미한다. 다른 사람과 친숙한 관계를 맺고 사랑을 나눌 수 있는 수용 능력으로 자유로운 어린이 자아의 기능을 회복시키는 것이다.

상담자는 내담자의 자율성을 성취하기 위해 어린 시절의 초기결정을 이해시키고, 그의 현재 행동과 삶의 방향에 새로운 결정을 내리도록 도와주는 것을 목표로 한다.

2) 상담과정

교류분석상담은 내담자의 여러 가지 측면을 분석하여 내담자 스스로 인생 각본을 만들어 새롭게 태어나도록 돕는 과정이다. 상담의 대부분은 교류분석의 여러 분석방법을 활용한다. 자아상태의 구조분석, 교류분석, 게임분석, 각본분석의 순서로 상담이 진행된다. 상담자는 내담자의 교사역할을 하게 되는데 교류분석의 언어와 개념, 분석을 위한 여러 도구를 사용하는 방법들을 설명해 주면서 상담을 진행해 나간다.

(1) 상담계약

상담과정에서 상담자, 내담자가 준수할 내용과 상담목표를 서면으로 기록을 한다. 계약내용은 간결하고 명료하게 실현가능한 내용을 정한다. 문구는 "나는 ~을 변화시키려고 한다", "나는 ~을 중지하고 그 대신 ~을 하려고 한다", "내가 해결해야 할 문제는 ~이다"와 같이 기록한다(이성태, 1991). 이러한 상담계약은 내담자의 어른 자아와 상담자의 어른 자아가 계약을 체결한다는 것을 의미한다. 계약은 내담자와 상담자의 책임감을 부여하기 위한 목적과 계약을 통해 스스로 변화하도록 하기 위한 것이다.

(2) 구조분석

이고그램(egogram)검사를 통해 내담자의 자아기능을 분석한다. 자신의 자아상태-P, A, C-의 에너지 수준을 그래프를 통해 살펴보면서 각각의 자아가 지나친 이완이나 경직되어 제 역할을 다하지 못하는 '오염'이나 '배척' 현상은 없는지 분석하고 확인하는 것이 구조분석이다. 구조분석을 통해 내담자의 어른 자아가 기능하지 못하는 원인을 찾고 해결하는 것이다.

(3) 교류패턴분석

내담자가 다른 사람과 교류하고 있는 방식을 파악하고 부적절한 교차교류나 이면교류를 중단하도록 돕는다. 구체적 절차는 다음과 같다.

첫째, 교류패턴분석의 의미, 유형을 내담자에게 설명해 준다.

둘째, 내담자와 의미 있는 관계에 있는 사람과의 대화를 분석한다.

셋째, 문제행동과 관련이 있는 대화를 찾아 분석한다.

(4) 게임분석

게임은 표면적으로는 상보교류를 하는 것처럼 보이지만 파괴적인 결말로 불쾌한 감정을 갖게 만드는 교류이다. 게임분석은 다음과 같이 진행된다.

첫째, 게임을 걸지 않도록 자각하고 게임의 결말을 상상하게 한 뒤 게임을 피하도록 한다.

둘째, 상대를 비난하거나 무시, 경시, 평가절하, 얼버무리는 행동을 하지 않는다.

셋째, 어른 자아상태의 수준에서 자신의 감정과 행동 간의 관계를 객관적이고 이성적으로 관찰하도록 한다.

넷째, 드라마 삼각형의 게임일 경우 어떤 역할도 하지 않는다.
다섯째, 말하기보다는 경청하는 태도로 바꾸면 게임은 중단된다.

(5) 각본분석

각본은 부모의 금지명령에 따른 초기결정으로 갖게 된 생활 자세를 분석하는 것이다. 그 절차는 다음과 같다.

첫째, 금지결정 메시지를 분석한다.
둘째, 자신의 생활자세를 분석한다.
셋째, 자신의 인생각본을 분석한다.
넷째, 인생각본을 대체할 대항각본을 분석한다.

(6) 재결정

이상의 분석과정을 거쳐서 자아상태를 확인하고 인지적, 정서적으로 내담자의 생활각본을 변화시키는 것이 재결정이다. 부모의 지시에 따라 결정을 내린 시기를 재경험하고, 새로운 것을 발견하고 깨달으면서 과거에 인식하지 못했던 자신의 잠재력을 발견할 수 있도록 하는 것이다. 재결정을 통해 내담자가 세상에 나가 새로운 결정을 실제로 수행할 수 있도록 다른 각본행동에 대해서도 필요한 정보와 인정자극을 주도록 한다.

3) 상담기법

교류분석상담은 집단상담에서 발달하였기에 집단상담기법을 많이 사용한다. 그중에서도 게슈탈트상담기법을 많이 활용한다. 상담기법에는 상담분위기 조성을 위한 방법과 상담의 구체적인 조작 기술 8가지가 있다.

(1) 상담분위기 형성기법

첫째, 허용

내담자의 자아상태 P–A–C 중 어버이(P)가 '하지마라'라고 한 것을 상담 장면에서 할 수 있도록 허용해 주는 것이다. 이를 통해 내담자는 게임을 하지 않고도 상담자와 대화가 가능하다는 확신을 갖게 된다.

둘째, 보호

허용을 통해 상담분위기가 조성되었다 하더라도 내담자는 초기에 두려움과 위협을 느낄 수 있다. 보호는 상담자의 어버이 자아가 내담자의 어린이 자아를 지지해주고 격려해주는 것을 말한다. 상담자의 어버이 자아가 내담자의 어린이 자아를 보호하게 되면 내담자는 보다 안정된 마음으로 상담에 참여하게 된다.

셋째, 잠재력

상담자가 적절한 시기에 적절한 기술을 사용할 수 있는 능력을 말한다. 상담자는 내담자의 자아상태, 교류패턴, 게임, 각본 등을 분석하고 진단할 수 있는 능력을 갖추고 이론과 기술을 익히고 자기성장에 힘써야 한다.

(2) 상담을 위한 조작기법

첫째, 질문(interrogation)

내담자가 어른 자아로 반응하도록 하기 위해 그 반응을 유발할 때까지 물어보거나 의문을 제기하는 것이다. 직면과 유사하기 때문에 세심하게 배려하는 것이 좋다.

둘째, 명료화(specification)

명료화는 교류를 하는 내담자의 자아상태를 확인하기 위한 기법이다. "그래, 너는 수능 시험 끝났으니까 이제 좀 쉬어야겠다는 생각이구나!"와 같이 내담자의 반응에 대해 다시 언급하거나 동의하는 것을 말한다. 상담자와 내담자의 교류가 어른 대 어른의 수준일 때 이루어진다.

셋째, 직면(confrontation)

내담자의 언어적·비언어적 행동의 모순을 지적하는 것이다. 특히 언어와 행동 간의 모순을 지적해 준다. 직면을 통해 어른 자아의 오염(다른 자아를 침범)을 자유롭게 할 수 있다.

넷째, 설명(explanation)

상담자와 내담자가 어른 자아 대 어른 자아의 입장에서 내담자가 현재 그렇게 행동하고 있는 이유에 대해 가르치는 기법이다. 내담자가 현실을 잘 직시하지 못할 때 효과적이다.

다섯째, 실제 사례제시(illustration)

상담과정에서 성공적이었던 일화나 기법 등 실제 사례를 제시하는 것이다. 실증은 유머와 생동감이 있는 것이 좋고, 내담자의 어린이 수준에서 이해할 수 있는 정도여야 한다.

여섯째, 확인(confirmation)

내담자가 특정 행동을 실제로 포기하지 않고 있음을 알려주고 새로운 행동을 위해서는 더 열심히 노력해야 한다는 사실을 지적해 주는 기법이다.

일곱째, 해석(interpretation)

전통적인 정신분석의 해석기법과 비슷하다. 내담자의 행동 이면에 있는 원인이나 이유를 내담자가 알 수 있도록 도와주는 것이다. 이를 위해서는 상담자와 내담자가 어른 자아 수준에서의 교류가 요구된다.

여덟째, 구체적 종결

상담자가 내담자에게 이제 인정자극을 받기 위해 더 이상 게임을 할 필요가 없게 되었다는 것, 정상적으로 행동할 수 있게 되었음을 말해 주는 것이다.

Chapter 11

현실치료

1. 인간에 대한 관점
2. 주요 개념
3. 심리적 문제의 형성과정
4. 상담과정과 기법

제11장

현실치료

Willam Glasser
(1925~2013)

현실치료는 미국의 정신과 의사 윌리엄 글래서(Willam Glasser, 1925~2013)에 의해 개발되고 구체화된 상담이론이다. 현실치료는 내담자의 과거보다 현실에 초점을 둔다는 의미를 지니고 있다. 글래서는 정신분석가들이 과거 문제로 인한 행위에 대한 책임을 내담자들에게 전가시킨다는 것과 통찰에 너무 많은 시간을 할애하는 것, 새로운 행동을 시도하는 것에 대해서는 가치를 두지 않는 것, 시간과 비용이 너무 많이 드는 것 등으로 인해 프로이트 모형을 거부하였다.

1950년대에 자신의 교육지도 담당 의사인 해링톤과 함께 정신분석에서처럼 과거를 다루는 것이 아닌 현실세계에서 현재 환자가 무엇을 하고 있는지가 더 중요하다는데 동의하고 현실치료이론을 개발하였다. 그리고 1970년대에 윌리엄 파워스(Willam Powers)의 통제이론을 접한 뒤 자신의 이론도 통제이론으로 불렀다. 이후 자신의 이론을 확장하고 수정하여 통제이론으로 부를 수 없게 되자, 지금까지 자신이 발전시킨 모든 것을 반영해서 '선택이론'으로 불렀다. 1998년도에는 통제이론과 선택이론에 근거하여 자신의 이론을 '현실치료'로 수정하여 오늘에 이르고 있다.

현실치료의 기본적인 철학은 실존주의에 근거하고 있으며 엘리스(Ellis)

의 REBT(인지정서행동치료)모델을 여러 방식으로 보완했다. 또한 글래서(2003)는 보험을 적용하기 위해 필요한 경우 외에는 내담자에게 진단명을 붙이지 말아야 한다고 주장하였다. 그 이유는 뇌손상 외에는 내담자들이 현재의 관계에서 오는 많은 고통과 좌절을 해결하기 위해서 선택한 행동들이 단지 비효과적이고 비효율적인 방법을 선택했을 뿐이라는 것이다. 그렇기 때문에 잘못 선택한 행동을 정신적 질병으로 진단하는 것은 잘못된 일이라고 주장하였다.

이와 같이 현실치료는 내담자들이 자신의 현재 행동을 평가하고, 만약 행동이 자신의 욕구를 충족시키지 못하고 있으면 더 효과적이고 더 효율적인 행동을 획득할 수 있도록 돕거나 가끔은 가르치는 것으로 이루어진다.

1 인간에 대한 관점

현실치료는 인간의 행동은 외부의 힘에 의해서가 아니라 내적인 자신의 힘에 의해서 생성되고 자신이 선택을 하는 것으로 본다. 정신분석이나 행동주의이론에서처럼 인간이 유전이나 환경, 과거에 의해 결정된다는 결정론적인 입장에 반대하며, 궁극적으로는 인간이 스스로 자기결정을 하고 자기 삶에 책임을 지는 존재로 본다.

이렇게 인간이 행동에 대한 자기결정이 가능한 것은 자기 자신과 자신의 환경을 통제할 수 있는 존재이기 때문이다. 인간은 충동을 일으키는 강한 욕구가 있을 때 자신이 원하는 욕구를 충족시키고 싶어한다. 그러나 자신의 욕구 충족이 방해를 받게 되면 고통을 느끼게 되고, 생활에 불만을 느낀다. 이때 우리의 뇌는 그 욕구들을 충족시키기 위해 성공감이나 자존감이 있는 성공적 정체감을 발달시킨다.

이 성공적 정체감은 욕구 충족을 위해 자신의 내부세계에서 원하는 것과 조금이라도 더 비슷하게 만들기 위해서 외부세계를 통제하려고 한다. 결국 인간은 자신의 욕구를 해결하기 위해 자기 자신과 자신의 환경을 통제할 수 있다. 이 성공적 정체감을 가진 사람은 자신이 사랑을 주고 받을 수 있고, 소중한 존재라고 생각하는 심리적 힘을 가진다.

2 주요 개념

1) 다섯 가지의 기본 욕구

인간이 행동하는 동기는 욕구충족을 위한 내적인 동기에 의해서이며, 모든 행동은 유기체가 선택을 한다. 인간을 움직이게 하는 강력한 힘은 선천적으로 가지고 태어나는 기본 욕구에서 비롯된다. 기본 욕구는 사랑과 소속의 욕구, 힘에 대한 욕구, 즐거움에 대한 욕구, 자유에 대한 욕구, 생존에 대한 욕구 등 모두 다섯 가지이다. 모든 인간의 동기나 욕구는 유전적 구조를 갖춘 다섯 가지 기본 욕구들을 충족시키기 위해 행동을 고안해낸다.

(1) 사랑과 소속에 대한 욕구

가정, 학교, 직장과 같은 사회에 소속되어 타인과의 관계를 유지하면서 사랑을 주고 받고자 하는 욕구이다. 사랑과 우정, 돌봄과 관심 그리고 참여와 협력 등을 나누게 된다. 결혼을 하거나 친구를 사귀는 것, 단체모임에 가입하는 것 등이 모두 사랑과 소속에 대한 욕구이다.

(2) 힘에 대한 욕구

경쟁을 하거나 성취하는 것, 자신이 중요한 존재이고 싶은 욕구를 말한다. 자기에 대한 가치감, 성취감, 중요성과 관련이 있다. 자신의 인생을 변화시키기 위한 자신감의 욕구이며 자신의 환경에 영향을 끼치고 환경을 통제하고자 하는 욕구이다. 힘에 대한 욕구가 강하면 소속에 대한 욕구나 다른 욕구와 직접적인 갈등을 겪는다. 예를 들어, 결혼을 통해 소속의 욕구를 채웠으나 부부 모두 힘의 욕구를 충족시키기 위해 서로 통제하게 되면 부부관계가 손상을 입게 된다. 승진을 위해 직원들 간의 유대나 친밀감을 포기하는 것, 일중독으로 가족을 등한시하거나, 돈을 버느라 인간관계를 소홀히 하는 것 등이 해당된다.

(3) 즐거움에 대한 욕구

즐거움에 대한 욕구는 인간의 기본적이고 선천적인 욕구이다. 새로운 것들을 배우고 놀이를 통해 즐기고자 하는 속성이다. 즐거움의 욕구도 다른 욕구들 간에 갈등이 생길 수 있다. 즐거움의 욕구를 충족시키기 위해 생명의 위험을 감수하기도 한다. 예를 들어, 오토바이 폭주나 익스트림 스포츠 등이 해당된다. 또는 즐거움의 욕구를 충족하기 위해 다른 욕구를 포기해야 하기도 한다. 게임에 몰입한 나머지 학교 공부는 포기하는 것이 그 경우이다.

(4) 자유에 대한 욕구

이동의 자유, 삶의 모든 영역에서 삶의 방식에 있어서의 자유, 자신의 의사 표현의 자유를 충족시키고자 하는 욕구를 말한다. 내적으로 자유롭고 싶은 속성으로 선택과 독립, 자율성의 의미이다.

자유의 욕구를 충족하려면 타인을 간섭하거나 방해하지 않고 타인의 권리를 침해하지 않아야 하며, 자기 선택에 대한 책임을 지려는 의지가 요구된다. 결국 자유의 욕구는 자유의지에 따른 선택에 대한 책임과 자신의 삶을 잘 통제한다고 느낄 때 충족시킬 수 있는 욕구이다.

(5) 생존에 대한 욕구

생존에 대한 욕구는 살고자 하는 욕구이며 자신의 삶과 건강을 유지하는 것과 관련된다. 뇌의 기능 중 구뇌가 담당하며 호흡, 소화, 땀 흘리기, 혈압 조절 등 신체를 움직이고 건강을 유지하고자 하는 욕구이다. 그러나 대부분 구뇌는 단독으로 이 기능을 하지 못하고 신뇌의 도움을 받아서 한다. 예를 들어, 체내에 수분이 부족하면 구뇌(old brain)는 신뇌(new brain)에 신호를 보내어 수분을 섭취하도록 한다. 신뇌 역시 구뇌의 도움을 받아 욕구를 충족한다(김인자, 1997). 구뇌는 뇌의 진화 단계상 초기에 출현한 유기체의 생존과 정서반응 등을 관장하는 뇌를 지칭하며, 신뇌는 제일 나중에 출현한 고등 정신기능을 관장하는 대뇌피질을 지칭한다.

★ 다음 문항을 읽고 보기에서 자신에게 해당되는 답을 고르시오.

전혀 그렇지 않다 1점	자주 그렇다 4점
별로 그렇지 않다 2점	항상 그렇다 5점
때때로 그렇다 3점	

1. 돈이나 물건을 절약하는가?	1. 사랑과 친근감을 많이 필요로 하는가?
2. 돈으로 살 수 있는 것에 각별한 만족을 느끼는가?	2. 장거리 여행시 옆자리의 사람에게 말을 거는가?
3. 자신의 건강유지에 관심을 갖고 있는가?	3. 타인을 위한 일에 시간을 내는가?
4. 균형잡힌 식생활을 하려고 노력하는가?	4. 다른 사람의 복지에 관심이 있는가?
5. 성적인 관심을 많이 갖고 있는가?	5. 사람들과 함께 있는 것을 좋아하는가?
6. 매사에 보수적인 편인가?	6. 아는 사람과 가깝고 친밀하게 지내는가?
7. 안정된 미래를 위해 저축하거나 투자를 하는가?	7. 배우자가 당신에게 관심을 많이 가져 주길 바라는가?
8. 부득이한 경우가 아니면 모험을 피하고 싶은가?	8. 다른 사람들이 당신을 좋아해 주길 바라는가?
9. 외모를 가꾸는데 관심이 있는가?	9. 다른 사람들에게 친절하게 대하는가?
10. 쓸 수 있는 물건은 버리지 않고 간직하는가?	10. 배우자가 당신의 모든 것을 좋아해 주길 바라는가?
생존의 욕구 총점:	**사랑과 소속의 욕구 총점:**
1. 당신이 하는 일이나 직업에 대해 사람들로부터 인정받고 싶은가?	1. 다른 사람들에게 어떻게 하라고 지시받는 것을 싫어하는가?
2. 다른 사람에게 충고나 조언을 잘하는가?	2. 원치 않는 일을 하라고 하면 참기 어렵나?
3. 다른 사람에게 무엇을 하라고 지시를 잘하는가?	3. 다른 사람에게 어떻게 살아야 한다고 강요하면 안 된다고 믿는가?
4. 경제적으로 남보다 잘 살고 싶은가?	4. 누가 뭐래도 당신 방식대로 살고 싶은가?
5. 사람들에게 칭찬을 듣는 것을 좋아하는가?	5. 인간의 자유로운 선택 능력을 믿는가?
6. 당신 밑에서 일하는 사람이 문제가 있을 때 쉽게 해고하는가?	6. 당신이 원하는 일을 하고 싶을 때 하고 싶은가?
7. 당신이 일하는 분야에서 탁월할 사람이 되고 싶은가?	7. 누구나 다 인생을 살고 싶은 대로 살 권리가 있다고 믿는가?
8. 어떤 집단에서든 지도자가 되고 싶은가?	8. 인간은 모두 자유롭다고 믿는가?
9. 자신을 가치있는 사람이라고 느끼는가?	9. 배우자의 자유를 구속하고 싶지 않은가?
10. 당신의 성취와 재능을 자랑스럽게 느끼나?	10. 당신은 열린 마음을 갖고 있다고 생각하나?
힘의 욕구 총점:	**자유의 욕구 총점:**
1. 큰소리로 웃기 좋아하는가?	6. 여행하기를 좋아하는가?
2. 유머를 사용하거나 듣는 것이 즐거운가?	7. 독서하기를 좋아하는가?
3. 자기 자신에 대해서도 웃을 때가 있는가?	8. 영화구경 가기를 좋아하는가?
4. 뭐든지 새롭고 유익한 것을 배우는 것이 즐거운가?	9. 새로운 방식으로 일하거나 생각해 보는 것이 즐거운가?
5. 흥미 있는 게임이나 놀이를 좋아하는가?	10. 음악 감상하기를 좋아하는가?
즐거움의 욕구 총점:	

※ 높은 점수의 경우 그 욕구를 추구하고 있음을 의미함

2) 통제이론

글래서는 현실치료의 초기 이론에 통제이론을 접목하여 통제이론이라고 명명했다가 이후에 선택이론으로 이름을 바꾸었다. 최종적으로 통제이론과 선택이론을 바탕으로 하여 현실치료로 이름을 수정하였다. 따라서 현실치료에는 통제이론과 선택이론이 이론적 바탕을 이루고 있다.

통제이론에서는 모든 살아 있는 유기체는 끊임없이 자신의 목적에 따라 외부 세계를 통제하기 위해 행동한다. 그리고 모든 인간은 자기를 통제하고자 하고, 자기의 환경세계를 통제하려고 한다. 그러나 자신이 아닌 외부세계를 통제하고자 하는 것은 원하는 것을 얻기 위해 외부세계를 변화시키는 것이 쉽지 않고 효과적이지도 않다. 그러나 자기 자신은 통제가 가능하다. 따라서 자신의 삶의 상황이나 환경이 최악이라고 판단되는 상황에서도 효과적인 삶을 살기 위한 통제는 존재한다는 것이다.

3) 선택이론

글래서는 선택이론을 뇌의 기능과 관련하여 설명하고 있다. 가장 기본이 되는 인간의 욕구는 우리의 뇌에서 신뇌에 자리한 네 개의 정신인 4개의 욕구(소속, 힘, 자유, 즐거움)와 구뇌에 자리 잡은 생존의 욕구를 합하여 다섯 개로 구성되어 있다. 그 욕구들이 개인으로 하여금 행동하게끔 자극한다고 한다.

글래서는 무엇이 우리를 행동하게 하는가에 대한 답으로 우리는 외부의 자극에 대한 내면의 작용으로 행동을 하는 것이며, 그 행동은 욕구 충족을 위해 자신이 선택한 것이라고 하였다. 예를 들어, 빨간 신호등이 켜졌을 때 우리는 차를 멈춘다(행동). 이 행동에는 사고를 피하려는 생존욕구, 질서를 지키려는 소속의 욕구에 의해 움직인 것이다. 다른 예를 들면 핸드폰 벨이 울리면 우리는 전화를 받는다(행동). 이것은 사람들과 소통하고 싶은 사랑과 소속의 욕구이다. 이처럼 우리는 자신의 욕구를 충족하기 위해 행동을 선택하는 것이다.

이와 같이 인간은 자신이 하는 모든 것을 선택할 수 있다. 개인이 느끼는 불행과 심지어 정신병으로 여겨지는 행동까지도 결국은 개인이 선택한 결과라고 본다. 그러나 사람들은 불행도 자신이 선택한다는 것을 인식하지 못한다. 사실은 우리가 겪는 거의 대부분의 불행은 자신들이 선택한 것이다.

사람들이 불행을 선택하는 이유는 우선 타인이 자신을 통제하려는 상황 하에서 화를 내기 위해서이다. 생후 1년 된 아기는 보살펴주는 사람에게 화를 내면 자신의 뜻을 받아 준다는 것을 알게 되면서 화내는 행동을 배우게 된다. 부모가 자신을 통제하려고 할 때 유아는 화내는 행동을 선택한다. 그러나 2살 이후에는 화내는 행동이 받아들여지지 않는다는 것을 알게 되고, 그 행동의 효율성에 의문을 가지면서 화내는 행동을 포기한다. 대신에 우울해 하는 것을 선택한다.

불행을 선택하는 또 다른 이유는 다른 사람들로 하여금 불행에 빠진 자신을 돕게 하거나 그들에게 동정을 얻기 위해서이다. 또 하나는 좀 더 효율적인 행동이 있는데도 불구하고 그것을 하고 싶지 않은 자신의 마음을 변명하기 위해서이다. 또는 더 강력한 통제력을 얻기 위해 사람들은 불행을 선택한다.

그런데 사람들이 불행은 자신이 선택한다는 것을 인식하지 못하는 데에는 이유가 있다. 첫째는 자신의 행동에 대한 책임을 자신이 져야 하는데 그 책임을 지기 싫어서이다. 책임을 지느니 차라리 두통이나 우울함을 선택하는 것이 낫다는 것이다. 다만 그것을 보지 못하기 때문이다. 그리고 일시적이고 강렬하면서 고통스러운 어떤 감정은 내가 선택한 것이 아니라 우연히 일어난 것이라고 생각한다. 또한 고통스러운 선택은 자동화된 것이라는 생각, 즉 어쩔 수 없었다는 생각을 가지고 있다.

또 한 가지는 자기존중감을 잃고 싶지 않아서 자신이 선택한 불행을 자신의 선택이라는 인식을 억누르는 것이다.

자신의 행동이 효율적인지 또는 비효율적인지, 즐거운 것인지 고통스러운 것인지, 정상적인지 비정상적인지 이 모든 것이 자신의 강한 욕구를 충족시키기 위한 방법들이고, 그것에서 한 가지를 선택했다면 자신에게는 최선의 선택일 것이다.

그러나 우리가 선택하고 행한 행동에 대해서는 책임을 져야 한다고 설명한다. 글래서는 '우울하다, 머리 아프다, 화가 난다, 불안하다'라고 말하는 것은 수동적이면서 개인적 책임감의 결여를 암시하는 것이며 부정확하다는 것이다. 우울 행동하기, 두통 행동하기, 화내는 행동하기, 분노 행동하기 등과 같은 표현의 동사를 사용하는 것이 맞다는 것이다. 그렇게 하는 것이 불행은 본인이 선택한다는 것을 알게 하고, 또한 본인이 원하는 것을 얻을 수 있게 한다.

따라서 과거와는 상관없이 현재의 사실을 정확하게 재평가하고, 현재와 미래에 자신의 욕구를 좀 더 효과적으로 충족시킬 행동을 재선택할 수 있다. 사람은 자신이 어떠한 최악의 환경에 처했더라도 긍정적인 선택이 가능하며, 그것이 선택이론을 통해 학습이 되면 자신의 삶을 효과적으로 통제할 수 있게 된다.

4) 질적 세계(Quality World)

인간은 자신의 욕구를 충족시키는 과정에서 성공하기도 하고 실패하기도 한다. 이 성공한 경험과 실패한 경험 모두를 기억 속에 저장을 해둔다. 글래서는 성공을 한 경험들의 기억을 차곡차곡 쌓아 둔 것을 사진첩에 비유하였다. 이 사진첩은 개인의 욕구와 소망이 충족되는 가상적인 공간, 즉 정신적 그림을 넣어 두는 곳이다. 우리의 행동이 어떤 욕구를 충족시켜 주었다면 머릿속 한 구석에 욕구를 충족시켜 준 그 행동을 사진으로 저장하게 된다. 이것을 '개인적 사진첩'이라고 한다. 이 개인적 사진첩이 우리가 한평생 이루려고 하는 것의 구체적인 동기가 된다. 우리는 각각의 욕구를 충족시킬 다양한 방법과 수단이 되는 수백 개, 수천 개의 사진을 가지고 있으며 필요할 때마다 그것을 꺼내 쓴다.

개인적 사진첩은 자신이 원하는 삶, 함께 하고 싶은 사람, 가치 있는 생각과 신념들에 대한 심상을 내면 세계에 간직하게 되는데 이것을 '질적 세계(quality world)'라고 한다.

글래서(Glasser, 1986)는 개인적 사진첩을 1990년 초부터 '질적 세계로 개칭했다. 질적 세계는 자신의 욕구를 한 가지 이상 충족을 시켜준 적이 있고, 앞으로도 그럴 것이라고 믿는다. 인간은 살아가면서 이 질적 세계에 있는 사진을 지속적으로 추가하거나 교체한다.

그렇기 때문에 사람들은 주어진 현실을 각각 다르게 받아들이게 되는데, 그 이유는 각자에게 독특하고 중요한 질적 세계가 있기 때문이다. 이 질적 세계는 태어나자마자 곧 기억 속에 만들어지기 시작해서 일생 동안 창조하고 재창조하는 세계이다. 그 질적 세계에는 어떤 다른 것보다 우리의 기본 욕구들을 잘 충족시켜 준 구체적 그림들이 작은 집단으로 구성되어 있다. 이 그림들은 가장 같이 있고 싶은 사람, 갖고 싶거나 경험하고 싶은 일, 아이디어나 신념체계 등 긍정적인 경험들이다. 우리의 현실이 이 그림과 일치할 때 좋은 기분이 든다. 이 세계는 개인적인 이상향이다. 그곳으로 가기만 하면 기분이 좋아지는 곳이다. 이 세계에 있는 그림을 얻어 만족할 수 있으면 즐거운 일이고, 실패하면 언제나 고통스럽다. 오랜 좌절을 겪으면서도 이 그림을 지니게 된다. 왜냐하면 그 그림을 빼내는 것은 과거에 자신의 욕구를 충족시켜 주었던 그 질적 세계를 포기한다는 것으로 그것은 너무 고통스럽기 때문이다.

5) 행동체계

행동체계는 욕구충족에 도움이 되었던 조직화된(창조된) 행동으로 구성되어 있다. 그러나 이 창조된 행동이 도움이 안 될 것으로 보이면 재창조를 한다. 끊임없는 재창조는 가끔 잘 창조된 새로운 행동을 유발시키는데 그 행동이 자신의 삶을 통제하는데 도움을 준다는 판단이 서면 즉시 시도를 한다. 그러나 이전의 행동보다 효과적이지 않을 경우 자기 파괴적인 행동을 유발하게 된다. 그러면 계속 재창조를 하게 된다.

유기체는 출생 직후부터 끊임없는 창조와 재창조를 하면서 욕구를 충족시키는데 필요한 수많은 행동들을 배우고, 자기가 현명하다고 여겨지는 창의적인 아이디어를 전체행동으로 옮기기 시작한다. 그러면서 자기 인생의 기초를 만들어 간다.

6) 전체행동

글래서(1998)는 인간의 행동을 생각하고(thinking), 느끼고(feeling), 활동하고(acting) 생리적으로 반응(physical reaction)을 하는 통합적인 행동체계로 보고 이것을 '전체행동(total behavior)이라고 하였다. 현실치료에서는 전체행동의 구성 요소 중 '행동하기'를 중요시하는데, 이는 완전한 통제가 가능하기 때문이다. '생각하기' 역시 통제가 비교적 수월한 편이다. 반면에 '느끼기'는 통제가 어렵고, '생리적 반응'은 더욱 통제하기가 어렵다. 따라서 '행동하기', '생각하기'가 변화되면 '느끼기', '생리적 반응'은 따라오게 되어 있어서 행동의 변화가 쉽게 일어난다는 것이다.

글래서는 전체행동(total behavior)을 자동차에 비유하여 설명하였다. 자동차로 치면 욕구는 자동차의 엔진이며, 원하는 것(want)은 핸들이 되고, 행동하기와 생각하기는 자동차의 앞바퀴, 느끼기와 생리적 반응은 뒷바퀴가 되어 전체행동이라는 자동차가 되어 가고 싶은 방향으로 가는 것이다. 행동하기와 생각하기는 선택을 할 수 있어서 통제가 가능한 반면, 느끼기와 생리적 반응은 선택이 어렵기 때문에 행동하기와 생각하기를 통해 간접적으로 통제해야 한다.

예를 들면, 긍정적인 생각으로 욕구를 충족시키는 행동에 적극적으로 활동하면 긍정적인 느낌과 만족스러운 신체반응이 뒤따르게 된다. 따라서 현실치료는 통제가 어려운 우울이나 불안한 느낌을 다루기보다 내담자 스스로 생각하고 행동하기에 초점을 맞추어서 전체행동으로 이어지도록 내담자를 돕는 것이다. 그리고 느낌(feeling)에 대해서도 '우울해 하기', '불안해 하기', '화내기'의 행동하기로 표현하여 벗어날 수 있도록 한다.

3 심리적 문제의 형성과정

앞에서 다섯 가지의 기본 욕구는 우리의 뇌에서 유전적으로 가지고 있다고 하였다. 이 기본 욕구를 충족시키기 위해서 유기체는 주위 세계를 선택한다. 인간은 자신과 주위 사람들이 자신을 사랑하고 가치 있게 여기면 성공적인 정체감이 발달하고, 그렇지 못하면 패배적 정체감이 발달한다. 패배적 정체감은 인간행동의 부적응으로 심리적 문제와 직결된다. 심리적인 문제는 성공적 정체감을 형성할 수 있는 경험을 하지 못했거나, 자신의 선택에 대해 책임지지 않는 행동으로 인해 야기된다. 또한 기본 욕구가 과거에서부터 현재에 이르기까지 여전히 충족되지 못하고 있으면 부적응적 행동으로 이어진다.

기본 욕구를 충족시키지 못하는 이유는 자신의 욕구를 충족시키는 방법을 모르거나 알더라도 실행에 옮기지 않고 있거나, 자기 행동에 대해 책임을 지지 않으려 하기 때문이다.

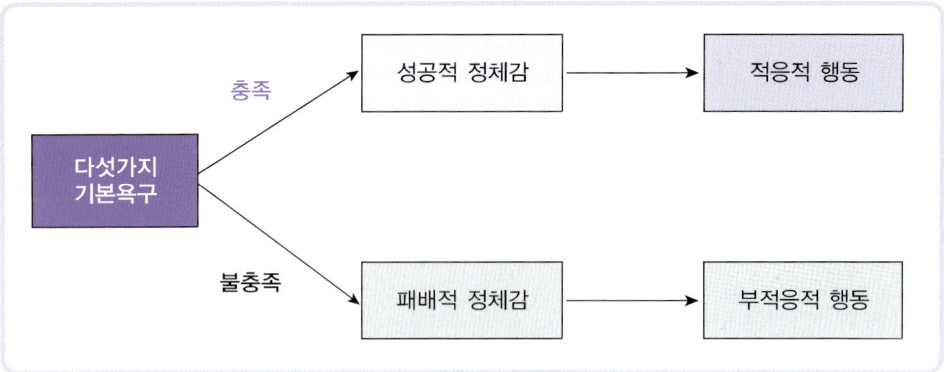

심리적 문제의 형성과정

4 상담과정과 기법

1) 상담목표

심리적인 문제는 자신의 기본 욕구가 무엇을 원하는지 파악하지 못했거나 파악했다 하더라도 원하는 것을 효과적으로 충족하지 못했기 때문이다. 따라서 현실치료의 상담목표는 내담자의 기본 욕구를 바탕으로 내담자가 정말 원하는 것이 무엇인지 파악하여 내담자가 책임질 수 있고 만족한 방법으로 충족할 수 있도록 조력하는 것이다(노안영, 2005). 또한 기본 욕구와 원하는 것을 충족시켜 성공적인 자아정체감을 형성하고, 이를 통해 생산적이고 효율적으로 생활하며 조화로운 삶을 영위하도록 하는 데 있다.

이를 달성하기 위한 세부적인 목표는 다음과 같다.

첫째, 책임감을 갖도록 한다.

책임은 타인의 욕구충족을 방해하지 않으면서 자신의 욕구를 충족시키는 능력을 말한다. 자신의 기본 욕구와 원하는 것을 행하기 위한 선택과 행동 그리고 그 결과에 대한 책임은 자기 자신에게 있다는 것을 알게 하는 것이다. 과거 문제, 현재의 여러 여건, 남 탓으로 자신이 그럴 수밖에 없다는 변명은 무책임한 행동이며 거기에 면죄부를 줘서는 안 된다. 모든 선택은 자신이 하는 것이고 그 선택은 나의 책임이다.

둘째, 현실에 바탕을 둔다.

과거가 아닌 현실에 직면하는 것을 말한다. 자신의 욕구충족을 위해서는 현실 세계의 모든 여건을 고려하여 현실세계가 허용하는 범위 내에서 충족시키도록 한다.

셋째, 정확한 가치판단을 내리도록 한다.

책임있는 행동을 하기 위해서는 도덕, 법률, 규범 등과 같은 현실적 여건을 고려해야 한다. 자신의 욕구충족을 위한 효과적인 방법을 찾으려면 옳고 그름의 가치판단으로 타인에게 피해를 입히지 않아야 한다.

2) 상담과정

상담과정은 글래서와 함께 현실치료교육과 연구 및 보급에 기여한 대표적인 인물인 웝볼딩(R.E. Wubboding)이 제시한 'W–D–E–P' 과정으로 다음과 같이 진행한다.

(1) 욕구 탐색하기(Want)

욕구 탐색하기는 내담자가 원하는 것이 무엇인지 인식하도록 돕는 것을 말한다. 내담자의 질적 세계를 탐색하기 위해 내담자와 주변 사람들이 원하는 것이 무엇인지 알아보고 자신의 기본 욕구 중에 충족된 것과 충족되지 않은 것을 구분한다. 그리고 원하는 것을 얻기 위해 무엇을 어떻게 해왔었는지도 탐색한다. 그리고 자신이 정말 이루고 싶은 삶의 모습을 구체화하도록 한다. 이때 내담자가 주위 사람이나 세상을 어떻게 보는지 다음과 같은 질문을 통해 알아본다.

① 무엇을 원합니까?
② 진정으로 원하는 것이 무엇입니까?
③ 사람들이 당신에게 원하는 것이 무엇이라고 생각합니까?
④ 당신은 어떤 시각으로 사물과 환경을 바라봅니까?
⑤ 당신은 상담자에게 무엇을 바랍니까?
⑥ 문제를 해결하기 위해 기꺼이 노력하시겠습니까?

(2) 현재 행동 탐색하기(Do/Direction)

현재 행동 탐색하기는 자신의 욕구와 원하는 것을 충족하기 위해 현재 하고 있는 전체행동─행동, 사고, 느낌, 생리적 반응─을 탐색하는 것이다. '당신은. 지금. 무엇을. 하고. 있습니까'라는 질문을 통해 내담자가 현재 무슨 행동을 하고 있고, 시간을 어떻게 보내면서 무엇을 추구하며 살아가고 있는지를 명확히 인식하도록 한다. 내담자의 현재 삶의 방향을 알 수 있도록 순간순간 구체적인 행동에 초점을 맞추어야 한다.

(3) 자신의 행동을 평가하기(Evaluation)

평가하기는 현실치료에서 핵심이고 강조하는 단계이다. 내담자의 현재 행동이 자신이 원하는 욕구를 충족시키는데 효과적인지를 평가하는 것이다. 여기에서의 평가는 개인의 행동과 욕구와의 관계를 점검하는 것으로 그들 스스로 자기평가를 하는 단계이다. 상담자는 "당신이 지금 하고 있는 행동은 당신이 진정으로 원하는 것을 얻게 하는데 도움이 되고 있습니까?"라는 질문을 시작으로 다음과 같이 내담자의 행동과 수행을 평가하도록 한다.

① 당신의 지금 행동이 당신에게 도움이 됩니까?
② 당신이 지금하고 있는 것은 당신이 진정으로 원하는 것을 얻는데 도움이 됩니까?
③ 당신이 행동하는 것이 규칙에 어긋납니까?
④ 당신이 원하는 것은 현실적이거나 실현 가능한 것입니까?
⑤ 그런 식으로 보는 것이 당신에게 도움이 됩니까?
⑥ 상담의 진행과 당신 인생의 변화에 대해 어떻게 약속을 하시겠습니까?
⑦ 당신이 수립한 계획이 당신의 욕구충족에 도움이 됩니까?

(4) 계획 세우기(Plan)

욕구충족과 관련하여 내담자의 현재 행동 중에서 비효과적이고 부정적인 것들을 찾아 효과적이고 긍정적인 것으로 고치기 위해 계획을 세우는 단계이다. 상담자는 내담자가 진정으로 원하는 것과 욕구를 충족시킬 수 있는 새로운 행동을 계획하고 실천하도록 한다. 이때 계획은 단순해야 하며, 현실적이고 실현가능한 계획이어야 한다. 그리고 구체적이면서 측정이 가능하고 즉각적이며 지속적으로 실천할 수 있어야 한다.

3) 상담과정에서 금지사항

글래서는 현실치료에서 상담자가 유의해야 할 기본적 임무를 다음과 같이 제시하였다.

(1) 계획 실천에 약속 받아내기

계획한 활동을 실천하겠다는 의지를 내담자가 상담자에게 약속을 하게 되면 그것을 실천할 가능성은 그만큼 커지게 된다. 이것은 상담자뿐만 아니라 내담자 자신이 강력하게 수행하겠다는 의지를 나타낸다.

(2) 변명을 받아들이지 않기

계획을 실행하지 않고 변명할 경우 이를 수용하지 않는다. 상담자가 변명을 받아들인다는 것은 내담자가 바라는 변화의 방식이 적절하지 않고 불가능하다는 점을 상담자가 인정한다는 의미이기 때문이다. 상담자는 '나는 당신이 왜 그것을 할 수 없는지는 관심이 없다. 다만 나는 당신이 그것을 언제 할 수 있을지 그리고 그것을 어떻게 할 수 있을지에만 관심이 있다'라고 말한다.

(3) 처벌의 금지

현실치료에서 내담자에게 처벌을 사용하게 되면 내담자는 더욱 더 패배적인 정체감을 가지게 된다. 또한 상담자와 내담자의 관계가 더 악화되어 상담에 전혀 도움이 되지 못한다. 따라서 내담자 스스로 자신의 행동 결과에 대한 책임을 받아들이도록 돕는다.

(4) 결코 포기하지 않기

상담자가 내담자를 포기하지 않을 것이라는 메시지는 내담자의 소속의 욕구를 충족시켜 주게 되고 상담관계가 확실해 지면서 계획이 실행된다. 따라서 상담자가 내담자에 대해 희망을 버리거나 그 가능성을 완전히 포기하지 않도록 하고, 지속적인 관심을 가지고 내담자의 변화 가능성을 끝까지 믿는다.

4) 상담기법

(1) 질문

질문은 상담과정의 각 단계에서 내담자의 욕구와 원하는 것을 탐색하기 위하여 물어보았던 것으로, 내담자가 원하는 것이 무엇인지, 행동의 효과가 있는지 등을 평가하고 탐색하기 위해서 쓰인다.

예를 들어, '자신이 진정으로 원하는 것은 무엇입니까?', '원하는 것을 성취하기 위하여 무엇을 하고 있습니까?', '현재 자신이 하고 있는 것이 원하는 것을 충족시키는데 얼마나 도움이 됩니까?', '원하는 것을 얻기 위하여 세운 계획은 실천 가능합니까?', '실천하겠다고 약속할 수 있습니까?' 등이다.

이와 같이 질문은 내담자가 원하는 것에 대해 생각하고, 자신의 행동이 옳은 방향으로 나아가고 있는지를 평가하는 기법이다.

(2) 역설적 기법

내담자가 실행하지 못한 계획을 논박하기 위해 내담자에게 모순된 지시를 내리는 것이다. 예를 들어, 강박관념에 고통스러워하는 내담자에게 그것을 극복하기 위해 어떤 일을 하거나 바쁘게 하면서 지내도록 하는 일 대신에 "좋아, 이런 생각을 얼마동안 가져보도록 하는 거야"라고 혼자 중얼거리기를 제안하는 것이다(김인자, 1991).

역설적 기법은 내담자가 자신의 행동을 통제하고 선택할 수 있다는 것을 분명하게 인식하도록 하고, 자신의 문제에 대한 생각을 전환시키는데 도움이 된다.

(3) 긍정적 행동 이끌기

긍정적인 행동 이끌기는 내담자의 고통과 불평이 섞인 진술에 적용될 수 있다. "친구가 제게 말한 것 때문에 몹시 화가 나요"라고 불평을 하면 상담자는 "그 친구가 당신을 무시해서 화가 났군요.", "이런 일이 자주 있나요?"라고 반응하기보다 "그 친구로 인해 화가 나지 않으려면 당신은 어떤 행동을 선택하는 것이 좋을까요?"라는 질문을 통해 내담자가 자신의 행동을 새롭게 변화시킬 수 있는 선택에 초점을 맞춘다. 그리고 주위에 일어나는 모든 것은 내담자의 선택에 달려 있다는 것을 인식시킨다.

(4) 동사와 현재형으로 표현하기

느낌이나 감정도 자신의 선택이라는 것을 깨닫게 해주는 기법이다. '우울하다', '머리 아프다', '화가 난다', '불안해지다'라고 말하는 것은 수동적이고 자신에게 책임감을 갖지 않게 하는 것으로 부정확한 말이다. '우울 행동하기', '두통 행동하기', '분노 행동하기'와 같은 동사의 형태로 쓰거나 '우울해 하고 있는', '불안해 하고 있는', '화를 내고 있는' 등의 현재형 표현으로 사용하는 것이 스스로 선택한 결과임을 알게 하고, 전체행동으로 이어져서 욕구를 충족하도록 한다. 즉, 자신이 선택한 것에 대한 책임이 자신에게 있다는 것을 인식시켜 준다.

PART

III

유아생활지도와 상담의 실제

Chapter 12

유아 문제행동의 이해

1. 문제행동
2. 정상행동과 문제행동의 기준
3. 문제행동의 판단 기준
4. 유아 문제행동의 유형
5. 유아 문제행동 지도 시 유의점
6. 효과적인 대화방법

제12장

유아 문제행동의 이해

유아의 문제행동은 관점에 따라 달리 해석될 수 있고 그 개념도 광범위하다. 일시적이고 가벼운 증상의 행동부터 시작해서 진단과 전문적인 치료를 요하는 심각한 증상의 행동까지 문제행동의 스펙트럼은 상당히 넓다. 그리고 그 문제행동이 대부분의 사람들이 생각하는 부적응적인 행동을 말하는 것인지, 부모나 교사가 다루기 어려운 행동을 말하는 것인지도 구분을 해야 한다. 또는 아동 개인의 문제를 말하는 것인지 아니면 집단 속에서의 문제행동을 말하는 것인지, 문제행동에 대해서 정확한 판단을 할 수 있는 기준도 마련되어 있어야 한다. 그리고 문제행동을 어떻게 지도할 것인지 지도할 때의 의사소통 방식은 어떠해야하는지 등에 대해 알고 있어야 문제행동을 지도하고 상담을 통해 도움을 줄 수 있을 것이다. 따라서 유아 문제행동의 기준과 유아 문제행동의 유형, 유아 문제행동의 원인이 무엇인지를 파악할 수 있는 이론적 기초가 확립되어야 하고, 유아의 문제행동을 지도할 수 있는 방법에 대해서 훈련이 되어 있어야 한다. 그러기 위해서는 문제행동에 대한 올바른 이해를 바탕으로 출발해야 한다.

1 문제행동

문제행동이란 용어는 사회적 부적응, 정서장애라는 용어로 쓰이다가 각 분야에 따라 부적응행동, 비정상적 행동, 정서적 장애 등으로도 유사하게 쓰이고 있다. 대체로 심리학이나 정신의학에서는 부적응행동이나 이상행동으로 쓰이고 있으며, 교육학에서는 일반적으로 문제행동으로 쓰이고 있다.

유아의 경우 어떤 행동이 문제행동이냐를 판단할 때 대체로 부모나 교사는 자신의 주관적 판단에 의존하는 경향이 많다. 특히 교사는 유아에 대한 기대나 요구수준이 다를 수 있고, 무엇보다도 교사의 경력이나 성격에 따라 판단이 달라질 수 있다. 만약 교사의 성격이 내향이고 유아가 외향적이고 호기심이 많다면 교사는 아동을 산만한 아동, 과잉행동장애가 아닌가 의심을 할 수도 있다. 초임교사의 경우 문제행동에 대해 어떻게 대처해야 할지 몰라 그냥 넘어가거나 무조건 수용을 해서 아이의 행동을 더 강화시키는 경우도 있을 수 있다. 이처럼 교사의 주관적 관점이나 적절하지 못한 대응은 유아의 문제행동을 지도하는데 방해가 될 뿐만 아니라 전문적인 처치를 제공하지 못하게 되는 원인이 될 수 있다. 따라서 교사는 유아 문제행동을 정확하게 판별할 수 있는 안목을 길러야 하며, 생활지도와 상담을 하기 위해서는 문제행동의 원인과 지도방법에 대한 이해가 요구된다.

2 정상행동과 문제행동의 기준

교사들이 유아의 문제행동을 지도할 때에는 어떤 행동을 문제로 볼 것인지 그리고 문제행동과 정상행동을 구분할 수 있어야 한다. 유아들은 발달과정 중에 있고 아직 고착된 상태가 아니기 때문에 문제행동이라기보다 당연하고 자연스러운 발달과정 중의 하나라고 보아야 한다. 따라서 유아의 행동을 문제행동이라고 낙인찍지 않도록 조심할 필요가 있다. 유아의 행동을 정상행동의 관점에서 다음과 같이 분류하고 있다 (Offer와 Sabshin, 1984).

1) 신체적, 정신적 건강

유아가 신체적으로나 정신적으로 병적인 증상이 없으면 정상이다. 신체적으로 질병이 있거나 발달이 지체된 경우 그리고 정서적, 심리적 문제가 있어 대인관계가 어렵거나 자폐와 같이 사회적 기본 반응이 없는 경우에 해당되지 않는다면 정상인 것이다. 신체적, 정신적으로 정상이면 유아교육기관에서 잘 적응하고 타인과의 관계도 잘 유지하게 된다.

2) 발달연령에 맞는 이상적인 상태

이상적인 상태를 성인들의 수준에 맞춰서 그것을 이상적인 상태의 기준으로 보는 것이 아니라 유아들의 각 연령단계에 따라서 발달이 이루어진 상태라면 정상으로 본다. 유아의 각 연령대에 맞는 인지, 언어, 사회성, 정서, 신체운동, 신변처리 등의 여러 요소들이 최상의 조화를 이루면 건강한 유아이다. 그러나 아직 발달과정에 있기 때문에 개인 내, 개인 간 요소들의 편차가 아직 고르지 못하므로 평균치에 해당되면 정상으로 본다.

3) 평균치에 해당

정규분포곡선에서 양쪽으로 이탈된 행동이 아니고 대부분의 유아들이 평균적인 행동에 해당이 되면 정상이다. 이탈된 행동은 유아들 전체 평균치보다 지나치게 높거나 낮게 나타난 행동을 뜻한다. 예를 들어, 상황에 맞지 않는 행동을 한다거나 교사가 어떤 지시를 내려도 따르지 않고 계속 교실을 배회하는 것 등이 해당이 된다.

4) 성장과 변화

학기 초와 학기 말을 비교하여 유아들의 인지, 정서, 신체적인 성장과 변화가 일어났다면 정상에 해당이 된다. 외형적인 성장뿐만 아니라 내적인 발달에도 변화가 일어나야 한다. 성장과 발달이 멈추거나 퇴행행동이 일어난다면 정상이라도 볼 수 없다.

3 문제행동의 판단 기준

1) 이상심리학에서의 판단 기준

정상행동과 이상행동을 구분하는 대표적 기준으로 이상심리학에서의 판단 기준이 있다. 기준에 따라 예외적인 부분이 존재하지만 대체적으로 넓은 의미에서 정상과 이상행동을 구분하고 있다. 앞에서 정상행동의 기준이 발달에 맞춰져 있다면 이상심리학 기준은 정신적인 부분에 초점을 맞추고 있다. 이상행동의 판단 기준은 다음과 같다(김춘경 외, 2016).

첫째, 통계적 규준에서의 이탈

통계적 규준에서의 이탈은 일반인들이 보이는 평균적인 행동에서 크게 벗어난 행동을 말한다. 정규분포곡선에서 양극단에 속하는 것으로, 예를 들어 더운 여름에 두꺼운 방한복을 껴입는다면 이상행동이다. 그러나 지능이 150 이상이라면 통계적 규준에서 이탈되어 이상행동이지만 사회에 부정적 영향을 끼치지 않기 때문에 정상으로 본다.

둘째, 사회문화적 규범에서의 이탈

다양한 사회장면에서 주어지는 역할을 수행할 때 따라야 할 규범에서 벗어나거나 맞지 않는 행동을 하게 되면 이상행동이다.

셋째, 적응적 기능의 손상

사람들은 환경에 적응하게 되어있다. 그러나 새로운 환경에 적응하는데 어려움이 있다면 이상행동으로 본다. 1학기가 지나도록 분리불안이 해결되지 않는다면 적응적 기능의 손상으로 봐야 한다.

넷째, 주관적 불편감

주관적 불편감은 다른 사람이 보기에는 아무 문제가 되지 않지만 자신은 심각한 고통이나 불편함을 느끼는 경우를 말한다. 예를 들어, 우울한 감정으로 잠도 잘 못자고 밥도 먹지 못하는 경우로 타인들은 그로 인해 불편을 느끼지 않지만 본인은 정서적으로 고통스럽다.

2) 문제행동의 발생빈도와 강도에 따른 기준

문제행동이라고 판단할 때에는 한 가지 행동 그 자체만으로 평가하는 것은 무리가 있다. 실제 생활에서 그 행동이 얼마나 자주, 얼마나 오랜 기간에 나타나는지 발생빈도와 강도를 살펴볼 필요가 있다. 따라서 문제행동의 정도의 차이가 어떤지에 따라 문제행동의 기준을 설정한다(Schafer & Millman, 1994). 이 기준은 주로 행동에 초점을 맞춘다.

첫째, 여러 가지 문제행동이 동시다발적으로 나타날 경우
둘째, 나이에 적절하지 않은 행동을 보이는 경우
셋째, 문제행동이 장기간에 걸쳐 나타나는 경우
넷째, 문제행동을 고치기 위한 부모나 교사의 노력에 반응이 없는 경우

교사는 이와 같은 기준을 스스로 질문해 보고 유아의 행동을 관찰하고 문제행동인지 아닌지의 여부를 판단하도록 한다. 이러한 판단 기저에는 반드시 유아발달이론과 아동심리와 상담이론에 대한 전문적 지식이 확보되어 있어야 한다.

4 유아 문제행동의 유형

유아 문제행동을 지도하려면 문제행동의 유형은 어떤 것이 있는지 살펴볼 필요가 있다. 유아 문제행동은 여러 가지 문제가 복합적으로 나타나는 경우도 있고, 단일 문제로 나타나는 경우도 있다. 문제행동의 유형을 알아두면 문제행동을 수정하기 위한 전략을 세우는 데 많은 도움이 된다.

에싸(Essa, 2003)는 유아 문제행동의 유형을 다음과 같이 5가지로 분류하였다.

첫째, 공격적 · 반사회적 행동

① 남을 잘 때리거나 깨물거나 물건을 던지는 등의 공격적인 행동으로 다른 유아를 다치게 한다.
② 욕을 하거나 별명을 부른다.

③ 나누어 갖지 않거나 물건을 훔치거나 물건을 던진다.

둘째, 방해하는 행동

① 집단활동을 방해한다.
② 이유 없이 교실을 자주 나간다.
③ 교실에서 소리를 지르거나 뛰어 다닌다.
④ 물건을 떨어뜨려 소리를 낸다.

셋째, 파괴적인 행동

① 책을 찢거나 장난감을 부숴버린다.
② 물건을 변기에 버린다.
③ 종이를 낭비한다.
④ 다른 아이의 작업을 파괴한다.

넷째, 감정적 · 의존적 행동

① 자주 토라지거나, 징징거리거나, 울거나 떼를 쓴다.
② 영아 언어를 사용한다.
③ 손가락을 빤다.
④ 옷에 오줌을 싼다.
⑤ 교사에게 매달린다.
⑥ 관심을 끌려고 한다.

다섯째, 사회적 활동의 기피

① 활동에 참여하지 않는다.
② 사회적 놀이에 참여하지 않는다.
③ 집단활동 시간에 수줍어한다.
④ 한 가지 장난감만 가지고 논다.

⑤ 대근육활동을 하지 않는다.
⑥ 말을 하지 않으려 하고 역할놀이를 잘 하지 않는다.
⑦ 주의 집중 시간이 짧다.

국내에서는 문제행동의 기준에 대해 황혜정(2005)이 외현적인 문제행동, 내면적 문제행동, 혼합형 문제행동의 3개의 영역으로 분류하여 설명하고 있다.

첫째, 외현적 문제행동

① 공격성-언어적 공격, 신체적 공격, 파괴적 행동
② 과잉활동-주의산만, 과잉운동
③ 반사회성-비행, 반사회적 행동

둘째, 내면적 문제행동

① 정서문제-불안, 강박, 기질적
② 정신증
③ 사회적인 위축-고립, 자기중심적

셋째, 혼합형 문제행동

① 미성숙 문제-언어문제, 용변문제
② 습관문제
③ 성문제

유아 문제행동의 기준과 유형은 대체로 위와 같이 분류되며, 그 외에도 지적능력과 관련된 문제행동, 성격적인 문제행동, 규칙을 지키지 않는 문제행동, 적응력과 사회적 기술 부족의 문제행동 등을 포함시키기도 한다.

5 유아 문제행동 지도 시 유의점

유아의 문제행동은 언제, 어디서, 어떻게 일어나게 될지 알 수가 없다. 문제행동이 갑자기 발생했을 때도 있고, 예견했었던 일이 결국 일어나는 경우도 있다. 그리고 문제 상황이 이미 종료된 경우도 있다. 문제행동을 지도하고 적절히 개입하기 위해서 교사들이 사전에 알아두어야 할 몇 가지 지침은 다음과 같다.

1) 집단 규칙에 대한 교육

학기 초에 유아들에게 해야 될 일과 하지 말아야 될 일에 대해 반드시 교육을 시키도록 한다. 교실 내에서 뿐만 아니라 어디에서나 지켜야 할 집단 규칙임을 분명하게 설명한다. 다음에 제시하는 집단 규칙을 사전에 철저히 교육시키게 되면 문제행동의 발생빈도를 줄이면서 예방적 차원에서 대단히 효과적이다. 집단생활에서 절대적으로 해서는 안 되는 규칙 5가지는 다음과 같다.

① 절대로 생명을 함부로 죽여서는 안 된다.

자신이나 타인의 생명을 해쳐서는 절대 안 되며 동물이나 곤충도 함부로 죽여서는 안 된다. 예를 들어, 잠자리나 나비를 잡아 날개를 뜯어버리거나, 옥상에서 병아리를 날리는 행동 등 생명을 죽이는 행동을 놀이로 생각해서는 안 된다는 것을 교육시켜야 한다. 작은 생명을 함부로 하게 되면 그 행동은 사람도 함부로 하게 되는 행동으로 이어지게 되어 있다. 생명의 소중함을 교육시키고 생명존중에 대한 인식을 심어주도록 한다.

② 절대 폭력을 행사해서는 안 된다.

친구를 때리는 행동, 밀치는 행동, 꼬집고 할퀴는 것, 깨물고 침 뱉는 것, 욕하는 것, 물건을 집어 던지는 행동, 찌르는 행동은 모두 다 폭력이다. 폭력행동은 절대 해서는 안 되는 행동이다. 유아기 때 폭력적인 행동을 고치지 못하면 아동기에 품행장애로 그리고 청소년, 성인기에 반사회성 인격장애로 이어지게 되므로 폭력적인 행동에 대해 조기에 교육이 되어야 한다.

③ 남의 몸을 허락 없이 만지면 안 된다.

남이 나의 몸을 나의 허락 없이 만져서도 안 되고 나도 남의 몸을 허락 없이 만져서는 안 된다. 남이 나의 신체나 중요한 부위를 만지려 할 때 단호하게 거부할 수 있어야 하고, 나 또한 남의 신체를 만지는 것은 범죄행위임을 교육시킨다. 유아기 때의 성추행, 성희롱, 성행동에 대한 교육이 성에 있어 올바른 성인으로 성장하게 되는 기초가 된다.

④ 남의 물건을 훔쳐서는 안 된다.

친구의 물건이나 교육기관의 놀잇감, 그 외에 내 것이 아닌 남의 것을 가져가는 것은 도둑행위이며, 범죄행동임을 교육시킨다. 바닥이나 길에 떨어져 있는 물건이라도 내 것이 아닌 것을 가져가서는 안 된다.

⑤ 거짓말 하면 안 된다.

남을 속이는 행동, 남을 나쁘게 말하는 행동, 자신에게 솔직하지 못한 행동 등은 해서는 안 되는 행동이다. 솔직하기보다 변명이나 속임수는 옳지 못한 행동이라는 것을 교육시킨다.

이 다섯 가지 규칙은 학기 초에 반복해서 교육시키고 강조해야 한다. 인생을 살아가는데 가장 기본이 되는 도덕률은 유아기 때부터 교육되어야 하고 그 교육이 일생을 가는 것이기 때문에 중요하다고 하겠다. 따라서 이 규칙에 대한 교육의 여부가 이후 유아들의 문제행동을 줄이거나 사전에 방지하는 기능을 한다는 것을 명심해야 할 필요가 있다. 그것이 생활지도와 상담의 성패를 결정짓는 데 한 몫을 한다. 유아들이 위의 문제행동을 했을 때 교육의 내용을 상기시켜 주면 유아들은 자신의 행동이 잘못된 것임을 쉽게 인정하고 책임을 지려고 한다.

만약 규칙을 지키지 못했을 때를 대비해서 유아들과 함께 이야기 시간을 만들어 벌칙이나 책임지는 행동 등에 대한 규칙을 정하도록 한다. 아이들이 정한 규칙은 더 잘 지키려는 경향이 있다.

2) 벌을 세우거나 위협하는 말, 비난하는 말을 사용하지 않는다.

벌은 교육적 효과가 낮고 자신과 타인에 대한 부정적 정서를 갖게 한다. 친구들 앞에서 벌을 서는 모습, 야단을 맞는 모습에 대해 유아는 창피하고 부끄러움을 느끼게 된다. 그리고 교사와 교육기관에 대한 거부 반응과 반감을 갖게 되고 자존감에 상처를 받게 된다. 하나의 인격체로서 존중하는 표현방식으로 나-전달법을 적절히 활용하는 것도 좋은 방법이다.

3) 문제상황이 생기면 즉시 개입하고 지도한다.

문제행동이 발생하게 되면 그때그때의 상황에 개입해야 한다. 나중에 시간을 내서 다루어야겠다는 생각이나 지도를 하지 않고 넘어가게 되면 유아는 문제행동을 해도 괜찮은 것이라고 생각하거나 예외가 있다고 받아들인다. 따라서 교사는 즉시 개입해야 하고 일관성 있게 지도해야 한다. 유아들은 자신에게 유리한 것에 초점을 맞추려는 경향이 있어서 지적받지 않았던 때를 적용하면서 억울해 한다. 즉시 개입을 시도한 후 유아들과 함께 간단한 규칙을 정하는 것이 좋다.

예를 들어, 바깥놀이 시간에 미끄럼틀에 올라가는 친구와 내려가는 친구가 부딪쳐서 다치는 사고가 있었다면, '미끄럼은 어떻게 타면 좋을까?'라고 아이들과 규칙을 정하도록 한다.

4) 유아들 간에 다툼이 있을 때는 즉시 개입한다.

① 교사가 즉시 개입해야 하는 경우는 다음과 같다.

- 행동이 지나치게 공격적이거나 통제가 불가능할 때
- 물거나, 때리거나, 머리를 잡아당기거나 물건을 던질 때
- 울거나 비명을 지를 때
- 끝까지 싸움을 벌일 때

② 개입방법

- 교사의 감정이 안정되어 있는지를 먼저 점검한다(교사의 침착성).
- 두 명이 다투고 있다면 가장 격렬하게 다투는 유아를 조용한 곳으로 데려가 이야기한다.
- 너무 화가 나서 말을 하지 않거나 듣지 않으려고 할 경우, 유아가 감정이 가라앉을 때까지 옆에서 기다려 준다. 울 경우 울음이 그칠 때까지 기다려 준다.
- 교사의 침착한 눈을 보고 교사가 화가 나지 않았으며, 자기를 도우려고 하는 것을 알게 되면 교사는 갈등전이기술을 사용한다.

③ 갈등전이기술

- 유아 스스로 갈등 상황에 대해 말하도록 돕는다.

- 꾸짖지 않고 유아의 말을 수용한다.
- 갈등 상대유아에 대한 감정이입을 조성하여 준다.
- 갈등 상대와의 화해방법을 모색하도록 한다.

5) 충동 조절을 장려하고 친사회적 행동을 할 때 강화해 주기

아이들이 충동이나 화나는 감정을 조절하려는 행동을 보일 때 교사는 아낌없이 칭찬해준다. 아이들이 잘 놀거나 서로 도와주는 행동들을 할 때에도 격려하면서 칭찬해준다. 효과는 아주 높다.

6) 문제행동을 보일 때 먼저 신호를 보낸다.

신호를 보냄으로써 문제행동을 미연에 방지할 수 있다. 이 방법은 자주 사용하기보다 문제행동의 초기 단계에 사용하면 아주 효과적이다.

① 헛기침을 한다.
② 문제행동을 야기하는 아이를 주시한다.
③ 말을 하다가 도중에 멈추고 응시한다.
④ 옳지 않다는 것을 나타내는 뜻으로 고개를 흔든다.
⑤ "누군가 집중할 수 없게 만들고 있다"라는 식으로 말한다.

7) 접근 통제

접근 통제는 문제를 일으키고 있는 유아에게 다가가서 문제행동을 제지하기 위한 신호이다. 접근통제는 신호를 좀 더 명확하게 나타내는 것이다.

① 걸어가서 아이 옆에 선다.
② 어깨에 가볍게 손을 얹어 준다.

③ 머리를 가볍게 쓰다듬어 준다.
④ 등을 가볍게 두드려 준다.

8) 제지

다른 유아에게 위험할 정도로 자기 자신을 통제하지 못하는 유아의 경우 몸을 움직이지 못하게 제지해야만 한다. 이때의 제지는 처벌이 아니라 보호하는 의미로 이루어져야 한다. 즉, 붙들고 흔들거나 구타하는 것이 아니다. 이 방법은 어린 유아들에게 가장 효과적이다. 그러나 아이가 교사나 부모보다 힘이 세거나 클 경우에는 효과적이지 않다.

9) 한계설정

가정이나 교육기관에서 해야 될 것과 하지 말아야 될 것에 대한 분명한 한계를 반드시 설정해 주어야 한다. 규칙을 정하는 것 뿐만 아니라 규칙을 실행하는 것에도 엄격해야 한다. 한계설정은 다음과 같이 실행하도록 한다.

- 일반적인 교실에서의 규율을 설정하고 상황에 따른 구체적인 규율을 세운다.
- 어떤 유아는 규칙이 발효되고 있는지를 시험하려고도 하고, 규칙에 어긋나는 행동을 해도 괜찮을까라는 생각을 하기도 한다.
- 규칙이 실제로 적용되고 있다는 사실을 알린다. 그리고 한계를 넘어서면 안 된다는 것을 알리기 위해 꾸중이나 호소, 벌 등의 다양한 방법을 활용할 수도 있다.

10) 통제 후의 사후점검

교실을 통제하고 나면 가끔 감정이 고조되고 긴장된 분위기로 아이들에게 긴장과 불안감이 조성되는 경우가 생기게 된다. 이런 경우 개인 문제였다면 사적으로, 집단상황에서 이루어진 경우는 전체 아이들과 함께 사후 논의를 하는 것이 바람직하다.

11) 타임아웃 사용

공격적 행동이나 교실 분위기를 산만하게 하는 아이들에게 사용하는 전략이다. 문제행동을 일으킬 때 생각하는 의자에 앉아 있게 하거나 타임아웃을 실시한다. 그러나 이 방법은 수치심을 느끼게 하거나 자존감에 상처를 남길 수 있다. 특히 타임아웃은 바람직하지 못한 행동을 잠시 중단시킬 수는 있지만, 바른 행동까지는 가르치지 못함을 인식해야 한다.

6 효과적인 대화방법

부모나 교사는 자신의 고치고 싶은 행동이나 잘못된 습관을 변화시켜 보려고 노력한 적이 있을 것이다. 그러나 자신을 고치기 위해 대단한 결심과 각오로 임하더라도 쉽게 변화되지 않음을 우리 모두 경험을 통해 알 수 있었다. 또한 그 변화를 위한 행동조차도 단기간에 일어나기보다는 오랜 시간 서서히 일어난다. 그 이유는 행동이나 습관은 오랜 시간 형성되어 온 것으로 하루 아침에 고쳐지지 않기 때문이다. 이처럼 자신의 행동도 변화시키기가 쉽지 않은데 타인의 행동이나 습관을 고친다는 것은 여간 힘든 일이 아니다. 다행히 유아의 경우 완전히 형성된 상태가 아니고 발달과정 중에 있기 때문에 새로운 행동을 조성하는 것이 그래도 쉬운 편이다. 그러나 유아도 타인이 자신의 행동에 대해

지적이나 지시, 제지하면 심리적인 반발이 생기고 저항을 한다. 상대방을 변화시키는 것은 몹시 어려운 작업이다. 따라서 상대방의 심리를 자극하지 않으면서 나의 생각대로 상대방을 변화시킬 수 있는 효과적인 방법은 상대방의 감정에 호소하는 것이다. 상대방이 거부감 없이 자신의 행동을 변화시킬 수 있는 방법으로 나-전달법이 있다.

1) 나-전달법

나-전달법은 상대방의 문제 있는 행동으로 내가 이렇게 고통스럽고 힘들다는 것을 무리 없이 상대방에게 알려주는 방법이다. 나-전달법에는 당신으로 하여금 내가 이렇게 불편하고 힘들다는 것에 대해 당신이 알아주었으면 좋겠고, 당신이 변해주기를 바란다라는 간곡한 바람의 의미가 내포되어 있다. 이렇게 감정을 전달하게 되면 상대방은 거부감 없이 내가 힘들어 하고 있는 자신의 행동을 변화시키려고 노력한다.

나-전달법은 상대방의 행동을 내가 문제로 느낄 때 쓰는 의사소통 방법이다. 즉, 문제의 소유가 '나'에게 있다. 그래서 나를 상대방에게 전달하기 때문에 나-전달법인 것이다. 그러나 문제를 느끼고 있는 사람이 상대방일 경우에는, 즉 문제를 소유하고 있는 사람이 '너'인 경우에 쓰는 의사소통을 '반영적 경청'이라고 한다. 반영적 경청은 힘들어 하고 있는 상대의 마음을 읽어 주는 것이다. 여기서 중요한 것은 문제의 소유를 가리는 것이다. 누구의 문제인지를 파악해서 나-전달법을 써야 하는지 반영적 경청을 써야 하는지 구분할 수 있어야 하고 시의적절하게 사용할 수 있어야 한다.

예를 들어, 유아가 사람들이 많이 있는 곳에서 큰소리로 울고 있다면 이 경우 문제의 소유는 아이에게 있다. 따라서 반영적 경청으로 아이의 마음을 먼저 읽어주어야 한다. 그리고 그 상황에서 보고 있는 교사도 아이의 행동에 대해 문제로 지각할 수 있다. 아이의 감정을 먼저 반영적 경청을 통해 읽어 주고, 그 다음에 교사가 나-전달법을 해주어야 한다. 누가 더 크게 문제상황에 처해 있는지, 누가 약자인지에 따라 우선순위가 달라진다. 그러나 항상 상대의 감정부터 먼저 읽어주고 (반영적 경청) 상대가 감정이 가라앉은 다음에 나의 감정(나-전달법)을 전달하는 것이 효과적인 의사소통 방식이다.

2) 나-전달법의 3단계

(1) 1단계: 상대방의 문제행동에 대해 자세히 묘사한다.

상대방의 문제행동을 있는 그대로 자세히 묘사해준다. 묘사하는데 있어서 방해가 되고 주의해야 할 요소가 있다. 주의해야 할 3가지 요소는 다음과 같다.

첫째, '너'라는 말을 사용하지 않는다.

'너'라는 말을 듣는 순간 상대방은 자신이 지적받는다는 느낌을 받게 되고 내면적으로 저항이 일어난다. 또한 '너'라는 말 뒤에는 대체로 비난이나 부정적인 말이 이어지기 때문에 그 뒤에 하는 말을 들으려고 하지 않는다.

둘째, 한 장의 사진을 찍듯이 그 상황만 묘사한다.

사진 한 장을 보면 모든 것이 정지되어 있는 한 장면만 보여준다. 그것처럼 문제행동도 그 순간의 행위에만 초점을 맞추어야 한다. 예를 들어, 한 아동이 다른 아동을 때리는 그 순간을 말해주는 것이다.

셋째, 과거를 들추지 않고 빈도부사를 쓰지 않는다.

"지난번에도 그랬지?", "작년에도 그랬고!", "백화점에서도 그랬었잖아" 등 과거를 들먹이는 말을 듣는 순간 귀를 닫아 버린다. 상대방은 자신에게 또 잔소리를 하는구나 싶어 귀를 닫아버리게 된다. 그 뒤의 이야기는 듣지 않게 된다.

거기에 덧붙여서 '항상', '또', '매번', '언제나', '늘', '거의' 등의 빈도부사는 듣는 사람으로부터 '넌 변할 수 없는 사람이다'라는 의미와 '나는 어쩔 수 없는 존재'라는 비난의 의미가 내포되어 있어 이 역시 듣는 순간 이후의 이야기는 귀에 들어오지 않는다.

(2) 2단계: 그 행동이 나에게 끼치는 영향을 말한다.

그 문제행동이 나에게 어떤 영향을 끼치는지 찾아본다. 나에게 물리적, 물질적, 심리적인 측면에서 불편함을 끼치는 것이 무엇인지 찾는다. 만약에 나에게 끼치는 영향이 없다면 그것은 문제행동이 아니다. 나에게 끼치는 영향을 찾았다면 가능하면 불편함이나 피해를 과하게 표현한다. 그럴 때 상대방은 자신이 그만큼 힘들게 하는구나라는 생각으로 행동을 고치려고 할 것이다.

(3) 3단계: 1단계와 2단계로 인해 나의 느낌은 무엇인가?

1단계의 문제행동으로 인한 나의 느낌이나 감정을 찾는다 또는 2단계에서의 물리적, 물질적, 심리적 영향이 나에게 어떤 느낌이나 감정을 느끼게 하는지 느낌단어를 찾아서 생생하게 전달한다.

2단계와 3단계에서 끼치는 영향과 느낌은 가능하면 강도가 센 느낌단어를 찾아서 전달하는 것이 효과가 크다. 그만큼 내가 힘들어하고 있다는 것을 전달해야 하기 때문이다. 그렇게 했을 때 상대방이 말하는 사람을 도와주려고 한다. '나로 인해서 저 사람이 저렇게 힘들어 하는구나. 그럼 내가 고쳐야겠다'라는 생각을 하게 되는 것이다. 2, 3단계의 느낌과 영향은 표현하는 데 있어 순서가 바뀌어도 상관이 없다.

3) 나-전달법 적용의 예

나-전달법은 유아를 비난하지 않으면서도 무엇이 문제이며 그 문제로 인해 어떤 결과가 생기는지에 대해 정확하게 전달한다. 부모나 교사가 처음부터 나-전달법을 구사하는 것이 쉽지 않기 때문에 익숙해질 때까지 연습해서 자연스럽게 대화를 할 수 있도록 한다.

다음은 문제행동에 대해 나-전달법을 적용한 예이다.

① 수업 중에 예원이가 교실을 돌아다니고 있어서 수업을 방해를 받고 있다.

- 1단계: 예원아. 수업 중에 서서 왔다 갔다 하니까(상황 묘사).
- 2단계: 선생님은 오늘 이것을 가르쳐야 하는데 예원이가 서 있어서 신경이 너무 쓰여서 가르칠 수가 없어. 그리고 다른 친구들도 수업에 집중할 수가 없네? 그래서 가르칠 것을 못 가르치고 있어(그것으로 인한 물리적 피해).
- 3단계: 가르칠 것을 못 가르치고 있으니까 선생님이 굉장히 마음이 조급해지고 오늘 끝내야 되는데 못 끝낼까봐 걱정이 돼서 마음이 너무 답답해지고 불안하구나(느낌 전달).

② 유치원 버스 안에서 성민이가 심하게 장난을 치고 있다.

- 1단계: 성민이가 차안에서 장난을 치니까(상황묘사).
- 2단계: 혹시 기사 아저씨가 운전하시는데 방해가 되어 사고가 나면 우리 모두 다칠 것 같아서(물리적 피해).
- 3단계: 선생님은 너무 불안하고 겁이 나서 가슴이 막 뛰고 있어. 생각만 헤도 너무 무섭구나(느낌전달).

③ 다솔이가 가지고 놀던 장난감을 바닥에 내팽개쳐서 부숴졌다.

- 1단계: 다솔이가 장난감을 부숴버리니까(상황묘사).

• 2단계: 선생님은 혹시나 그것이 다른 친구에게 튀어서 다칠 수 있고 다치면 병원도 가야 하고, 그 장난감을 새로 사야 하는데 그게 너무 비싸거든. 선생님을 그걸 살 돈이 없어(나에게 끼치는 영향).

• 3단계: 선생님은 정말 깜짝 놀랐어. 그리고 그 장난감을 새로 사야 한다는 게 너무 부담스러워. 어쩌지(느낌전달)?

이와 같이 나에게 끼치는 영향과 느낌이 심하게 부풀려진 것 같은 느낌이 들 정도로 표현할 때 효과가 있고 상대방의 마음이 움직인다.

Chapter 13

유아 문제행동의 원인과 생활지도 및 상담의 실제

1. 유아 문제행동의 일반적인 원인
2. 유아 자신과 관련된 문제행동
3. 친구들과 관련된 문제행동
4. 수업활동과 관련된 문제행동

제13장

유아 문제행동의 원인과 생활지도 및 상담의 실제

앞서 우리는 상담이론을 통해 심리적인 문제나 문제행동이 왜 발생하는지에 대해서 각 이론별로 자세히 살펴보았다. 모든 이론에서 공통적인 내용은 문제행동은 반드시 원인이 있고 그 원인으로 인해 결과로 이어진다는 것이다. 즉, 문제행동이 어느 날 이유 없이 갑자기 나타나는 것은 아니다. 또 한 가지 중요한 점은 어린 시절 어떤 경험을 하였는가가 그 이후 개인의 삶에 영향을 끼친다는 것이다. 따라서 유아교육기관에서 또래와 교사들 간의 상호작용과 교육의 중요성은 그만큼 크다고 하겠다. 가정에서의 경험과 유아교육기관에서의 경험 모두 한 개인에게 영향을 끼치는 만큼 교사의 태도와 행동도 중요하다는 것을 잊지 말아야 한다. 유아들의 문제행동은 아직 고착된 것이 아니기 때문에 교사들의 유연한 대처와 생활지도로 새로운 행동을 학습시킬 수 있다.

따라서 교사는 문제행동의 유형과 그 원인에 대해 반드시 숙지하고 있어야 한다. 그래야 유아의 문제행동의 원인을 정확히 파악할 수 있게 되고, 문제행동을 지도할 수 있는 정확한 전략을 짤 수 있기 때문이다. 유아 문제행동의 원인을 이영훈 등(2007)이 분류한 일반적인 원인, 유아 개인의 원인, 친구들과 관련된 원인, 집단행동에서의 원인으로 나누어 살펴보고자 한다. 그리고 각각의 원인에 대해 어떻게 지도해야 하고 상담하는지 지도방법도 살펴본다.

1 유아 문제행동의 일반적인 원인

문제행동의 일반적인 원인은 대체로 생물학적인 원인, 환경적 원인, 심리적 원인, 인지적 원인으로 나뉜다. 각각의 원인에 대해 살펴보고 지도하는 방법을 공부하고 숙지하도록 한다.

1) 생물학적 원인

생물학적인 원인으로는 기질, 체질, 영양상태가 영향을 끼치며 다운증후군이나 자폐와 같이 선천적인 장애로 인한 원인도 문제행동을 유발한다.

(1) 기질

기질은 개인의 정서적·행동적 반응 양식의 기초로 생물학적인 기반을 갖는 것으로 알려져 있다. 같은 환경에서도 어떤 유아는 비교적 즐겁게 잘 지내는가 하면 다른 유아는 많이 울거나 보챈다. 또 어떤 유아는 조용하고 행동이 느린 반면 어떤 유아는 활기차고 민첩하다. 토마스와 체스(Thomas & Chess, 1977)는 유아의 기질을 순한 기질, 까다로운 기질, 느린 기질의 3가지로 구분하였다. 그러나 이 분류에 속하지 않는 유아도 있고 때로는 세 가지 기질이 혼합되어 나타나기도 한다. 그리고 기질유형이 완전히 고정화되는 것은 아니다.

① 순한 기질

순한 기질의 아동은 전체 유아의 약 40%에 해당이 되며 대체로 긍정적인 정서 상태를 보이며, 생활패턴이 규칙적이고 적응력이 높아서 양육하기가 비교적 쉽다.

② 까다로운 기질

까다로운 기질의 아동은 약 10%에 해당되며 부정적인 정서 표현이 잦은 편이며, 호불호에 대한 주장이 강하다. 또한 생활패턴의 규칙성이 낮고 적응력이 낮은 경향을 보인다. 새로운 환경에 접하면 부정적이고 강하게 저항하기도 한다. 행동과 반응이 예측하기 힘들며 불규칙적이다.

- 지도방법

까다로운 기질의 아동은 공격적이거나 화를 잘 내는 아이로 성장하지 않도록 주의하여 지도할 필요가 있다.

첫째, 부모나 교사는 아이가 문제행동을 보일 때 혼을 내서는 안 된다. 기질적으로 공격적인 아동은 더 큰 분노를 쌓이게 만든다. 따라서 아이의 입장에서 경청하고 공감하고 무엇을 원하는지 언어로 이야기할 수 있도록 지도하는 것이 까다로운 아이를 다스리는 최우선의 방법이다.

둘째, 해야 되는 것과 하지 말아야 되는 행동에 대해서는 반드시 교육을 시킨다.

셋째, 가정에서 부모는 가능하면 아이가 원하는 것을 모두 충족시켜 주는 것이 좋다. 그러나 살면서 모든 것을 다 충족시켜 주기는 어렵다. 따라서 충족시킬 수 없는 것에 대해서는 왜 못해주는지를 반드시 설명하고 아이가 떼를 쓰더라도 단호하게 거설해야 한나.

넷째, 좌절상황에서 견뎌낼 수 있는 방법은 부모가 좋은 모델이 되어야 한다. 부부가 갈등 상황에서 화를 다스리는 행동을 보고 자란 아동은 그것을 그대로 학습하여 욕구를 지연시킬 수 있는 방법과 화를 다스리는 행동을 습득하게 된다.

③ 느린 기질

약 15%의 유아가 느린 기질에 속한다. 정서상태가 부정적이고 활동성이 적으며 반응 강도가 약하다. 새로운 환경에 적응하는 속도가 느리다. 처음에는 부정적인 반응을 보이다가 시간이 흐르면 점자 안정적인 반응으로 돌아온다. 낯선 환경에 대해서는 수동적이어서 까다로운 유아보다는 부정적인 반응이 덜한 편이다.

• 지도방법

느린 기질은 또래 아이들보다 행동이 느려 자신감이나 자존감이 위축될 경향이 있다. 따라서 보다 활발하게 활동할 수 있도록 지도한다.

첫째, 기질적으로 느리게 태어난 것은 잘못된 것도 나쁜 것도 아니다. 다만 다르게 태어났다는 것을 인정하고 수용하는 것이 부모나 교사가 가져야 될 태도이다.

둘째, 시간이 오래 걸리더라도 성취한 것에 대해 칭찬과 격려를 아끼지 않는다.

셋째, 느리게 하는 대신 더 꼼꼼하게 하는 부분이 있을 것이다. 그 부분을 칭찬하고 어느 부분에서 머뭇거리고 있는지 살펴보고 언어적, 신체적 도움행동을 준다.

(2) 체질

체질은 유전적인 요인과 환경적인 요인의 상호작용에 의해서 형성된다. 특정한 물질에 의한 알레르기 체질이라든지, 여러 자극들에 민감한 유아들의 경우 행동에 영향을 끼칠 수 있다. 체질로 인한 문제는 원인이 의학적인 부분이라 교사가 다룰 수는 없다. 다만 체질로 인해 나타나는 증상들이 유아에게 불편감을 초래하고 수업활동에 집중할 수 없게 만들 수 있다. 교사의 관심과 배려가 요구된다.

(3) 영양상태

현재 우리나라는 못 먹어서 영양결핍상태에 빠져있는 경우는 드물다. 다만 편식이나 아침을 거르거나, 폭식을 하는 문제, 고열량의 식사 등으로 인한 영양섭취의 부족 또는 비만이 문제이다. 영양섭취의 부족과 비만은 유아교육기관에서의 활동만으로는 해결하기가 어렵다. 교사가 관리하기보다 부모교육을 통해 문제를 해결하도록 한다.

(4) 선천적 장애

선천적인 장애는 유아들이 생활하는데 많은 좌절을 겪게 한다. 좌절에 따른 낮은 자존감, 낮은 인내심 등의 심리적 문제를 갖게 된다. 교사는 타고난 장애로 인해 차별을 하거나 편견을 갖지 않도록 지도해야 한다. 단지 남들과 다르게 태어났을 뿐이라는 것을 교육시킨다.

2) 환경적 원인

유아의 문제행동에 영향을 미칠 수 있는 대표적인 환경은 가성환경과 TV, 컴퓨터, 핸드폰 등의 매체를 들 수 있다.

(1) 가정환경

① 부모의 양육태도

부모의 양육태도는 유아의 성장과 발달에 지대한 영향을 미친다. 양육태도는 보통 허용적인 부모, 방임적인 부모, 권위주의적인 부모, 민주적인 부모의 유형으로 분류한다.

첫째, 허용적인 부모

아이가 원하는 것은 무엇이든 다 들어주고 아이를 통제하기보다 지나치게 허용적이거나 의존성을 조장한다. 이 유형의 부모 밑에서 자란 아동은 충동적이고 공격적일 수 있으며, 책임감이 부족한 경향이 있다.

둘째, 방임적인 부모

애정으로 자녀를 키우기보다 자녀 마음대로 행동하도록 방임하는 태도이며, 자녀의 요구를 거부하거나 무시하며 부모역할을 수행하지 않는 부모이다. 자녀의 행동특성이 자기 마음대로 되지 않을 때 적대적, 공격적 행동을 하거나 자기조절이 어려운 불안정한 정서를 보인다.

셋째, 권위주의적인 부모

일방적으로 규칙을 정해놓고 절대적으로 지킬 것을 강요한다. 자녀가 말을 안 듣거나 떼를 쓸 때는 신체적 또는 심리적 처벌을 가한다. 자녀의 행동특성은 사회적 능력과 자발성이 부족하고 냉담하며 부정적 자아개념을 가지게 된다. 이 유형의 부모 밑에서 자란 아동의 경우 아이가 잘못된 행동을 할 때는 아이의 마음을 진정시킨 후 올바른 행동이 무엇인지를 알려주는 것이 도움이 된다.

넷째, 민주적인 부모

규칙을 따르도록 통제도 하지만 동시에 애정을 주는 부모로 공정하고 합리적이다. 부모의 독단적 의사결정을 피한다. 유아의 행동특징은 자존감이 높고 자기통제를 잘하며 긍정적인 자아개념을 가지게 된다.

② 역기능 가정의 문제

부부싸움이 잦은 가정, 이혼가정, 부모의 실직, 가정폭력 및 학대 등 부모 자신의 심리적 문제로 인해 자녀를 등한시 하거나 자녀의 요구에 둔감하고 합리적이지 못한 양육태도를 보이게 되는 경우이다. 여기에 노출된 유아는 정서적 불안정과 문제행동으로 연결될 수 있다. 교사는 유아의 가족관계에서의 역동을 고려해서 개별적으로 접근해 줄 필요가 있다.

③ 외동아이

가정마다 아이를 한 명만 낳거나 아예 낳지 않는 부부로 인해 인구절벽 현상에 대한 사회적·경제적 문제가 대두되고 있다. 더 큰 문제는 아이가 귀하다 보니 아이 한 명에 6명의 어른(친가의 조부모, 외가의 조부모, 부모)이 아이를 떠받들듯이 키우게 된다. 이 아이들이 교육기관이라는 집단 속에서 함께 더불어 살아가기가 쉽지 않으며 교사도 감당하는 데 어려움이 많다. 떠받들어져 살아온 아이들은 타인을 배려하는 배려심이나 참을성이 부족하고 자기중심적인 행동이 가장 큰 문제로 대두된다.

교사에게는 아이들의 문제행동뿐만 아니라 아이 뒤의 6명의 어른들의 예의주시도 무시할 수 없는 과제이다.

④ 다문화가정

다문화가정의 가장 큰 문제는 외국인 부모의 언어적 문제, 문화적 차이, 자녀양육 차이로 인한 부부갈등 등 여러 문제가 존재한다. 언어적 문제는 아이가 외국인 부모의 의사소통 가교역할을 하는 문제가 있고, 2개 국가의 언어를 섞어서 쓰는 문제가 대두될 수 있다. 그리고 교육기관에서 다른 유아들이 피부색, 다문화가정이라고 놀리거나 무시하는 태도 등으로 다문화가정 유아는 무력감, 열등감이 쌓이게 되고 분노로 표출되어 나타날 수 있다.

⑤ 대중매체

TV와 DVD, 컴퓨터와 인터넷, 스마트폰 및 모바일 게임기 등 대중매체는 유아들의 일상생활에 손꼽을 수 없을 정도로 가까이 와 있고, 손쉽게 이용할 수 있어서 부모나 교사의 지도가 필요하다. 심심찮게 볼 수 있는 장면은 아이들을 조용히 시키기 위해서 부모들이 스마트폰을 주면서 만화 영화를 보게 하거나 게임을 하게 만든다. 이렇게 부모들의 가벼운 생각들로 신종 증후군의 하나인 유아 스마트폰 증후군이 생겨났다. 이 증후군은 일종의 정신질환으로 뇌가 불균형적으로 발달하게 되어 유아발달장애나 사회성 발달의 결핍을 가져오기도 한다. 특히 오랜 시간 매체에 아이들을 방치하는 것은 유아발달의 전반적인 부분에 치명적인 영향을 끼친다. 유아기에는 사람들과의 상호작용 속에서 인지, 언어, 정서, 도덕성 등이 발달한다. 그러나 매체는 상호작용이 아닌 일방적인 전달이기 때문에 아동에게서 반응을 유도할 수가 없다. 기계와의 관계에 몰입하게 되어 사람과의 관계를 닫아 버리는 자폐의 일종인 반응성애착장애로 이어질 수도 있다. 따라서 사람과의 관계 속에서 즐거움을 더 많이 느낄 수 있는 활동과 놀이를 제공해 주는 것이 가장 바람직하다.

3) 심리적 원인

(1) 애착

심리적 원인의 대표적인 요인이 애착이다. 애착은 태어나서 만 2세까지 주 양육자와의 상호작용을 통해 정서적인 친밀감을 갖게 되는 것을 말한다. 앞에서 언급한 상담이론에서 프로이트의 구강기와 에릭슨의 기본적 신뢰감 대 불신감의 단계에 해당되는 것으로 그 단계의 과업 중 대표적인 것이 애착형성이다. 부모와의 관계에서 실패하게 되면 불안정 애착으로 이어진다. 애착실패의 가장 큰 문제는 사람을 믿지 못하고 친밀한 관계를 맺는 것에 어려움을 느끼는 것이다. 그렇지만 부모와의 애착에 실패한 아동이라도 교사의 따뜻함과 친밀함이 지속적으로 제공된다면 사람에 대한 신뢰가 회복이 된다는 것을 명심해야 한다.

(2) 정서적 지지 및 정서적 교류의 부족

가정은 정서적 지지의 장이다. 유아는 하루 종일 밖에서의 경험을 부모에게 들려주고 싶다. 속상한 일, 기분 좋은 일, 성취의 기쁨, 활동한 것, 자연 감상 등등 모든 것들에 대해 이야기하고, 부모의 반응을 듣고 싶어 한다. 그러나 맞벌이부모, 바쁜 부모들은 아이와 함께 할 시간을 주지 않는다. 외롭고 마음 붙일 곳 없는 수많은 영혼들이 우리 주변에 너무나 많다. 유아교육기관에서도 교사와 유아 간의 일대일의 교류를 갖기는 참으로 어렵다. 인간 대 인간의 진정한 교류를 주고받을 사람이 없는 것이 현실이다. 실제 상담사례에서 맞벌이부모는 매번 집에 오자마자 집을 어질러 놨다고 초등 3년생과 유치원생을 혼을 내고 심지어 체벌까지 한 사례가 있다. 이 두 아이는 학교와 유치원에서 다른 친구들에게 욕과 싸움과 공격적 행동이 빈번하게 나타났다. 하루 종일 부모를 기다리고 있었던 아이들을 안쓰럽고 기특하게 여기면서 지금까지 혼내고 짜증을 내는 행동 대신에 “엄마(아빠) 보고 싶었지, 엄마(아빠) 없이 잘 지내고 있어서 고맙다. 아이고 이쁜 것들. 엄마가(아빠가) 사랑해”라는 부모의 표현이 아이들의 문제행동을 봄눈 녹듯 사라지게 하는 묘약임은 말할 필요도 없다.

4) 인지적 원인

인지능력이 떨어지게 되면 과제수행이나 상황판단 능력의 부족으로 친구들로부터 놀림을 받거나 무력감, 위축, 불안감 등의 내면적인 문제를 가지게 된다. 내면적인 문제가 행동으로 이어지게 되면 활동이나 학습과제에 대해 거부하고, 자신이 원하는 대로 되지 않을 때 짜증으로 이어지게 된다. 인지능력이 떨어지는 유아에게는 과제분석을 통해 성취해 낼 수 있는 기회를 많이 주고 성공했을 때 칭찬과 격려를 해주는 것이 도움이 된다.

'문제 아이는 없다. 다만 문제 부모만 있을 뿐이다'라는 말이 있다. 살펴본 바와 같이 유아들의 문제행동의 원인은 대부분 주 양육자의 문제이다. 아동 자체가 문제를 소유했을지라도 그 아동을 다루는 부모와 교사가 성숙하고 어버이다운 태도를 취한다면 아이는 문제없이 잘 성장하게 되어있다.

2 유아 자신과 관련된 문제행동

유아 자신과 관련된 문제행동으로 흔히 볼 수 있는 행동은 우는 행동, 손가락을 빨거나 손톱을 물어뜯는 행동, 자위행동, 식습관 문제 등이 있다. 각각의 문제행동이 발생하게 되는 원인이 무엇인지 파악하고, 문제행동을 소거시키기 위한 지도방법에 대해 살펴보도록 한다.

1) 우는 행동

(1) 원인

유아들이 보통 아프거나, 야단맞았을 때, 슬픔, 좌절 상황일 때 우는 것은 자연스러운 감정의 표출이다. 그러나 심리적인 게임을 하기 위한 울음들은 문제행동으로 봐야 한다. 우는 행동의 원인 중 하나는 자신의 요구나 목적을 관철시키기 위해 취하는 의사소통의 방편으로 울게 되는 경우가 있다. 그리고 적절하고 좋은 방법은 아니지만 교사나 친구들의 관심을 끌기 위해서도 우는 행동을 한다. 또한 다른 사람을 조종하기 위해서도 눈물에 호소한다. 눈물을 흘리면 부모나 교사의 마음이 흔들리게 되고 자신의 책임을 경감시켜 준다는 것을 알고 눈물을 조종하려는 것이다. 결국 책임에서 벗어나고 비난받게 될 것에 대한 자기방어의 수단으로 울음을 택하게 된다.

(2) 지도방법

첫째, 특별한 원인 없이 습관적으로 우는 것에 대해서는 무시하도록 한다. 울음에 대해 무시당한 적이 없었다면 더 큰소리로 더 오래 울게 된다. 교사는 유아가 그런 행동을 할 것이라는 것을 예측하고 인내심을 가져야 한다. 크게 운다고 교사가 항복을 하고 관심을 주게 되면 더 강렬한 울음으로 이어진다. 교사의 일관성 있는 태도가 요구된다.

둘째, 울음이 수업활동을 방해할 정도로 심각하다면 다른 훈계는 하지 말고 다른 공간으로 격리시킨다. 울음을 그치면 활동에 참여할 수 있다고 말해준다.

셋째, 격리시킨 아동에게 관심을 주는 차원이 아닌 관찰을 통해 울음을 그쳤을 때 활동에 참여시킨다.

넷째, 울지 않고 활동에 참여할 때 잊지 않고 강화를 해준다. 울지 않을 때 교사가 기뻐하고 놀이에 참여하는 것에 대해 칭찬과 격려를 해준다. 사탕이나 초콜릿 같은 보상이 아닌 언어적 칭찬으로도 충분하다.

다섯째, 같은 상황인데도 울지 않을 때 강화해 준다. 알림장에 예쁜 스티커를 붙여 준다. 스티커를 보고 가정과의 연계교육이 되도록 집에서도 부모가 언어적 강화를 주도록 설명한다.

여섯째, 우는 것이 하나의 의사소통으로 쓰일 경우 말로 표현하도록 교육시킨다. '왜 우는지 울지 말고 이야기 해보자'라고 말을 건넨 후 아이의 설명을 듣고 교사가 정리하여 내용을 확인한다. 그리고 유아에게 말하는 것을 따라해 보도록 연습시킨다. 유아가 자신의 생각을 표현하면 강화를 해 준다.

2) 손가락 빠는 행동/손톱을 물어뜯는 행동

(1) 원인

손가락 빠는 행동의 원인은 손가락을 빨았을 때 기분 좋았던 느낌이 자기도 모르게 입으로 가게 되는 무의식적인 행동의 하나일 수 있다. 또는 동생이 태어나서 관심을 받지 못하게 되어 나타나는 퇴행행동의 일종일 수도 있다. 그리고 영아기 때 손가락을 빠는 행동들은 엄마의 젖을 떼고 이유 시기가 되면 보통은 없어진다. 그러나 그때의 빠는 것이 습관이 되어 유아기까지 지속되는 경우도 있다.

이와 비슷하게 손톱을 물어뜯는 행동은 그 자체는 문제가 되지 않는다. 다만 손톱이 안보일 정도로 조금만 남아 있거나 없어질 정도로 물어뜯어서 염증이 생기거나 속살이 보일 정도이면 문제행동이라고 할 수 있다. 손톱을 물어뜯는 행동의 원인은 대체적으로 부모의 엄격하고 강압적이며 완벽을 요구하는 양육방식에 기인한다. 그리고 교육기관의 형식적 교육의 틀 안에서 제한과 억압으로 인해 심리적 압박감이 생겨 긴장과 불안이 쌓이게 된다. 그 불안을 해소하기 위한 방편으로 손톱을 물어뜯을 수 있다. 이처럼 속박과 심리적 상처가 분노로 이어져 사회적으로 용인되는 방법으로 표출하는 것이 손톱을 물어뜯는 행동으로 나타나기도 한다.

(2) 지도방법

첫째, 무의식을 의식화 하는 방법으로 자신의 버릇을 인식시켜 주는 연습을 한다. 손과 관련된 문제행동은 무의식적으로 나타나기 때문에 자신의 버릇을 의식하도록 도와준다. 부모나 교사가 아이를 앉혀 놓고 30초간 일부러 하게 만든다. 그리고 아이 스스로 매일 아침 저녁 일정한 시간을 정해놓고 거울 앞에 앉아서 30초나 1분 정도 실시하고 스톱을 외치게 한다. 자신의 행동을 스스로 의식하게 되면서 고쳐지게 된다.

둘째, 일일계획표를 만들어 유아 스스로 행동을 기록하게 하고, 그 노력에 대해 강화해준다. 기록을 하면서 자신의 행동을 보게 되고 그 행동을 감소시키게 된다. 약 일주일 정도 기록하게 하면 반드시 횟수가 줄어들게 되어 있다. 유아 스스로 그것을 보면서 자신의 노력에 자부심과 변화된 자신의 모습에 대해 자신감을 가지게 된다.

셋째, 바쁘게 움직일 수 있는 활동시간과 손을 활용하는 활동을 제공해 준다. 손가락을 빨거나 손톱을 물어뜯는 아동들을 관찰해 보면 대제로 아무것도 하지 않을 때와 손이 한가할 때 그런 행동을 한다. 따라서 바쁘게 움직이는 시간을 많이 주는 것이 도움이 된다. 그리고 유아가 문제행동을 대치할 수 있는 행동이나 활동을 알려주고 직접 하도록 한다. 가위질하기, 집게나 나무젓가락으로 물건 옮기기, 큐브나 퍼즐, 염주나 묵주 만지기, 간단한 손뜨개질 등 손으로 할 수 있는 다양한 활동 등을 제공해 주도록 한다.

넷째, 내재된 분노를 발산할 수 있는 기회를 주도록 한다. 쌓인 분노는 공격적인 행동으로 이어지게 되므로 종이 찢기, 풍선 터뜨리기, 실로폰치기, 북치기 같은 활동적이고 신나는 놀이를 통해 그때그때 충분히 표출할 수 있도록 한다.

3) 자위행동

자위행동은 유아가 자신의 성기를 만지작거리거나 문지르며 즐거워하는 것으로 어른의 성적 행위와 연관지어 판단해서는 안 된다. 단순히 즐거움을 추구하는 감각적인 요소만 있기 때문이다. 사람이라면 누구나 가지고 있는 본능이다. 따라서 아이의 행동을 정신적인 문제로 받아들여서는 안 된다. 처음에는 호기심과 장난으로 만지작거리다가 점차 놀이로 발전하는 것이다. 자위행동은 성장과정에서 흔히 보이는 자연스러운 현상이다. 남자아이는 생후 6~7개월, 여자아이는 10~11개월에 성적인 관심을 보이기 시작해서 만 3~6세에 시작되어 7~12세가 되면 감소한다.

(1) 원인

우연한 기회에 신체의 여러 부위에 관심을 가지고 만지다가 자연스럽게 자극을 주는 행위로 이어지는 경우도 있다. 그리고 동생이 생기거나 주 양육자가 바뀌는 등 갑작스럽게 신변에 변화가 생겨 스트레스를 받을 때, 친구나 놀잇감이 없어서 심심할 때, 부모를 비롯한 다른 사람들로부터 관심과 사랑을 충분히 받지 못할 때, 부모가 지나치게 위생에 신경을 쓴 나머지 평소에 성기를 과도하게 씻길 때 그리고 그 행동이 적절한지 아닌지 구별을 못하는 경우 등이 이에 해당된다.

(2) 지도방법

첫째, 자위행위도 혼자 있을 때나 심심할 때 빈번하게 일어난다. 따라서 혼자서 심심하게 보내는 시간을 줄이고 재미있는 놀이를 하도록 유도한다. 특히 간접적으로라도 손을 위로 올려놓는 자세를 계속적으로 유도하는 것이 도움이 된다.

둘째, 사람들이 있는데서 성기를 만지는 행동은 해서는 안 되는 행동임을 알려준다. 어른들이나 친구들 모두 성기를 만지지 않는 이유는 해야 되는 일과 하지 말아야 되는 행동이 있는데, 사람들 앞에서 성기를 만지는 것은 하지 말아야 되는 행동임을 교육시킨다.

4) 식습관 문제

(1) 원인

식습관 문제는 유아가 음식을 잘 안 먹거나 느리게 먹거나 편식으로 가려먹는 것 등이 있고, 부모가 아이를 쫓아 다니면서 1시간을 먹이는 경우에 해당된다. 대체로 오랜 시간 우유나 쥬스, 죽 같이 건더기가 없는 유동식을 먹였거나 이유 시기에 다양한 음식을 먹지 않고 자란 경우가 원인이 된다. 그리고 특정 음식에 알레르기 증상이 있으면 그 음식에 대해 거부감을 느끼고 먹지 않는다. 대체로 식습관에 문제가 있는 아동들을 보면 아침을 굶고 오는 경우가 많다. 교육기관의 간식 시간이 되면 배가 고프다보니 간식을 많이 먹게 되고, 간식은 대체로 당분이 많아 점심시간에 밥을 적게 먹게 된다. 그러면 집에 가서 배가 고프니까 또 간식을 많이 먹게 된다. 그리고 저녁은 적게 먹게 되는 이러한 악순환이 반복되면서 식습관의 문제로 이어진다.

(2) 지도방법

첫째, 교육과정에 포함하기

수업시간에 음식놀이 시간을 구성하여 아이들이 싫어하는 재료들을 깍둑썰기로 썰어 준비한다. 아이들용 작은 접시에 재료를 담아 아이들 앞에 놓아둔다. 교사가 먼저 오이를 입에 넣고 아이의 귀에 씹는 소리를 들려주고, 무슨 소리가 나는지 이야기하게 한다. 그리고 아이도 씹으면서 교사의 귀에, 또 짝을 지어 친구와 함께 소리를 들려주고 먹게 만든다. '아삭, 아삭 소리가 나는구나, 오도독 오도독 소리가 나네' 등 다양한 의성어와 표현 등을 써서 아이들로 하여금 흥미를 가지고 따라하게 한다. 오이, 당근, 배추, 상추 등 초기에는 조금 아삭한 것으로 시작하고, 점차 나물 반찬 등으로 확장시켜 나간다. 가정통신문을 통해 집에서도 실천하도록 안내한다.

둘째, 행동주의이론을 적용하여 숟가락에 잘 먹는 음식을 많이 얹고 싫어하는 음식을 적게 담아 먹게 한다. 점차로 잘 먹는 음식의 양은 줄이고 싫어하는 음식의 양을 늘려 나간다. 일주일씩 계획을 짜서 단계적으로 실행한다.

셋째, 무조건 먹이기보다 먹지 않는다면 과감히 밥상을 치워버린다.

집에 밥 이외의 우유, 주스, 스낵, 과자, 빵 등을 일체 치워버린다. 배가 고프다고 해도 식사 시간이 되기 전까지 밥을 주지 않는다.

넷째, 한 가지 재료보다는 여러 가지 재료를 골고루 섞어 만들고 싫어하는 것을 아주 잘게 다져서 섞어준다. 아이와 함께 음식을 함께 만들어 보거나 채소를 함께 가꾸는 것도 도움이 된다.

3 친구들과 관련된 문제행동

1) 공격적인 행동

공격적인 행동에는 물거나, 때리기, 물건 집어던지기, 욕하는 것, 밀어버리기, 꼬집는 것, 침 뱉는 것 등 다른 사람에게 고의적으로 신체적인 상처를 입히는 행동을 말한다. 대표적인 문제행동의 원인과 지도방법은 다음과 같다.

(1) 때리는 행동의 원인

발달과정에서 아이들은 때리기도 하고 반대로 맞기도 한다. 그러나 이러한 행동이 지나쳐서 별 이유 없이 때리거나 기분에 따라 거침없이 괴롭힌다면 도움이 필요한 경우이다. 때리는 행동의 원인으로는 자신의 욕구가 좌절되거나 부모가 자주 다투거나 부모가 아이를 체벌로 다스리는 경우에 유아는 내적으로 분노가 쌓인다. 이 내재된 분노가 외부로 표출되어 친구들을 때리는 행동으로 이어지게 된다. 그리고 기질적으로 활동적이고 충동적인 아동의 경우 그 에너지를 발산하지 못하거나 활동에 제한을 받게 되면 때리는 행동으로 나타난다. 그리고 놀잇감이나 자료가 부족할 때 분노표출의 한 방법으로 친구들을 때리기도 한다.

(2) 무는 행동의 원인

보통 2~3세의 연령대에 있는 어린아이들의 경우는 깨무는 행동이 자연스러운 일이다. 아직 사회적 의식이 생기지 않아서이기도 하지만 그렇다고 교사는 깨무는 행동을 허용해서는 안 되며 깨무는 이유를 찾아 미연에 방지해야 한다. 대체로 깨무는 아이들은 자신의 욕구가 좌절되었을 때 순간적으로 남을 깨물거나 또는 깨물게 되면 관심을 받는다는 것을 알게 되면서 점차적으로 관심끌기 위한 수단으로 깨무는 행동을 하게 된다. 관심끌기는 부정적인 행동에 강화를 주게 되어 문제해결에 도움이 되지 않는다.

(3) 욕하는 행동의 원인

유아가 성장하면서 언어사용능력의 발달로 인해 또래나 어른들의 말을 따라하면서 욕을 배우게 된다. 처음에는 모방에서 시작하여 유아가 욕을 하는 것에 어른들이 놀라는 것을 보며 욕이 관심을 끌게 된다는 것을 알게 된다. 관심을 끌기 위해 욕을 하는 경우도 있지만 화가 나거나 좌절감을 느낄 때 긴장을 풀기 위해 충동적으로 욕을 하는 경우도 있다.

(4) 물건을 던지는 행동의 원인

부모나 교사는 유아가 물건을 던질 때 대부분 "던지지 마라"라는 말을 한다. 그러나 이러한 대처는 부정적인 행동에 강화를 주게 되어 도리어 관심을 끌기 위해 던지는 행동을 하게 될 수도 있다. 대체로 던지는 행동의 원인은 자신의 분노나 욕구좌절의 반응을 즉각적인 방법으로 물건을 던지면서 분노를 표출하는 것이다. 그리고 이러한 감정들을 언어로 표현하는 능력이 미숙하기 때문에 신체적으로 표현하는 경향이 있다. 만약 유아가 물건을 던지려고 하는 순간이 감지되면 아이의 앞에 서서 다른 아이가 눈 앞에 보이지 않게 가리도록 한다. 그 다음 아이의 키높이로 앉은 다음 물건을 던지려는 팔을 움직이지 못하게 팔뚝을 부드럽지만 힘 있고 엄하게 잡는다. 만약 아이가 강하게 저항을 하면 껴안는 것으로 바꾼다.

2) 공격적인 행동의 지도방법

앞에서 살펴보았듯이 때리고, 깨물고, 욕하고, 물건을 던지는 공격적인 행동의 공통적인 원인은 욕구좌절이다. 욕구의 좌절로 인한 분노의 감정을 신체적으로 표출하고 있다는 것을 알 수 있다. 유아들은 발달과 성장과정 중에 있으므로 공격적인 행동은 자연스러운 현상 중의 하나이다. 부모나 교사가 적절한 지도와 감독을 통해서 자신의 감정을 다스리고 표현하는 방법을 가르쳐서 민주시민으로서의 성숙된 행동을 하도록 이끄는 것이다.

(1) 교사의 예방적 대응방법

어떤 특정 상황 하에서 공격적인 행동이 많이 나타난다는 것이 교사가 인지하고 있을 경우에 교사는 예방적인 행동을 취해서 문제행동을 미연에 방지할 수 있다.

① 아이 근처에 머물면서 주의 깊게 관찰하고 있다가 아이의 표정, 태도, 목소리의 크기 등에 변화가 오면 바로 자리를 옮겨주거나 유아의 앞을 가로 막아 선다. 만약 유아가 교사에게 화가나 짜증을 내면 부드럽게 제지한다.

② 공격적인 행동이 나타난다면 아이를 팔로 감싸 안아서 공격행동을 막는다. 이때 교사는 감정적으로 휘둘리지 않도록 해야 한다.

아이의 긴장이 풀릴 때까지 붙들고 있어야 한다. 자신이 화가 날 것 같으면 다른 교사에게 그 상황을 맡기도록 한다.

③ 유아가 긴장이 풀리면 그때 유아를 안고 친구를 때리지 않은 것에 대해 칭찬해 준다.

(2) 유아의 분노 인식 및 조절

앞에서 문제를 누가 소유하고 있는가에 따라 반영적 경청과 나-전달법을 구분하여 쓸 수 있어야 함을 강조하였다. 유아가 문제를 소유하였을 때에는 반영적 경청을 사용한다. 유아의 마음을 읽어주기 위해 눈을 맞추고 이야기를 제대로 들어주어야 한다. 다음 방법을 통해 유아의 분노를 다스려 보도록 한다.

① "무슨 일이 있었는지 선생님에게 얘기해 줄래?"라고 낮고 부드럽게 물어본다. 아이가 직접 말로 이야기할 수 있도록 하고, 아이가 말을 하지 못할 경우 교사가 주변 상황을 보고 이야기를 시작한다.

② 유아가 문제에 대해 이야기를 하면 교사는 반영적 경청으로 유아의 마음을 읽어준 다음 문제행동에 대한 대안적 행동을 찾도록 한다. "아~. 그래서 화가 났었구나. 선생님도 그런 상황이면 화가 날 것 같애. 그래서 너의 마음이 어떤지 알 것 같다. 그럼 우리 화를 내지 않는 다른 방법은 없는지 찾아보자. 무엇이 있을까?"라고 대안을 낼 수 있는 기회를 주도록 한다.

③ 유아가 어떤 제안도 내지 못한다면 교사가 대안을 주도록 한다.

④ 역할놀이를 통해 공격적인 행동 대신 대안적 방법을 교사와 아동이 말로 나타낼 수 있도록 한다.

⑤ 역할놀이를 끝내고 아이를 칭찬해준다.

⑥ 이후 유아가 바람직한 행동을 보일 때 아낌없는 칭찬을 보내도록 한다.

(3) 대안적인 행동연습

분노를 해결할 수 있는 대안적인 방법을 유아에게 제공한다. 예를 들면, 바람직한 행동을 할 때마다 스티커를 주어 유아 스스로 스티커를 붙이게 하고, 자신의 변화된 과정을 볼 수 있게 한다. 사회적으로 용인되는 분노 표출방법은 과녁 맞추기, 투호놀이, 펀치볼 치기, 악기 두드리기 등을 활용할 수 있다.

(4) 타임아웃

만약 문제행동을 다루고 있는 중에 공격적 행동이 돌출되었다면 곧바로 타임아웃을 실시한다.

① 공격적인 행동을 한 것이 사실인지 즉시 확인한다. 필요한 경우 다른 교사에게 피해 아동을 보살피도록 한다.

② 타임아웃 자리로 갈 것을 단호하고 낮은 목소리로 말한다. “민수가 다른 친구들을 괴롭히는 것을 받아줄 수가 없다. 선생님이 일어나라고 할 때까지 여기에 앉아 있어야 돼.”

③ 시간을 기록하고 아이로부터 떠난다. 말을 걸거나 관심을 주어서는 안 된다.

④ 타임아웃 시간동안 다른 유아가 접근하면 조용히 그 아이를 부른다. “민수가 몇분 동안 혼자 있어야 해. 민수가 다시 같이 공부할 수 있을 때 그때 이야기하도록 하자.”

⑤ 정해진 시간이 끝나면 “이제 일어나도 좋아”라고 말하고 수업에 참여하도록 한다. 훈계나 교육은 하지 않도록 한다. 왜냐하면 타임아웃하는 이유를 아동이 알고 있기 때문이다.

(5) 강화

유아의 공격적인 행동이 사라지고 바람직한 행동이 나타나면 교사는 인정과 격려, 지지 등을 해주어야 한다. 특히 자신의 감정이나 느낌을 적절한 말로 표현했을 때 교사가 기뻐하고 칭찬을 해주어야 한다.

3) 놀잇감을 독점하는 행동

아이들이 놀다보면 놀잇감을 가지고 싸우는 일이 많다. 무엇이든 나누지 않고 혼자만 가지고 놀려는 아동이 있다. 대체로 자기가 어떻게 행동해야 친구가 자기를 좋아하는지 또는 싫어하는지를 모르기 때문에 공유해서 놀이를 할 수가 없는 것이다.

(1) 원인

나누어 쓰거나 함께 가지고 놀아야 된다는 개념이 형성되지 않은 영아 단계의 아이들의 경우에 독점하려는 행동을 보인다. 아직 공유하고 나누어 쓰기가 가능한 발달 단계에 도달하지 못했기 때문이다.

또는 예전에 자신이 좋아하고 아끼던 물건을 다른 친구가 망가뜨린 경험이 있거나 그런 기억이 떠올라서 혼자만 가지고 놀려고 하는 경우도 원인이 될 수 있다. 그리고 애착형성 단계에서 사람 이외에 애착을 갖게 해주었던 물건들로 그것이 자신에게 편안하고 안정감을 느끼게 해주는 것일 경우 혼자 독점하려고 한다. 주로 봉제인형이나 담요 등이 해당된다.

부모의 과잉보호적인 양육태도로 인해 자녀가 원하는 것을 모두 갖춰주고 모든 것을 자녀 위주로 키우게 되면 집단 속에서 함께 가지고 노는 것이 어렵다. 자기중심적인 태도가 형성되어 다른 친구의 것도 빼앗아 자기 것으로 하려고 한다.

(2) 지도방법

첫째, 가정에서 형제간의 놀잇감 다툼이 있을 경우에는 형의 놀잇감과 동생의 놀잇감을 정확하게 구분을 해주어야 한다. 주인에게 우선권이 있으며 주인이 허락하면 다른 사람이 가지고 놀 수 있다는 원칙을 세워야 한다. '놀잇감 물려주기' 의식을 통해 형이 더 이상 가지고 놀지 않는 놀잇감을 골라서 동생에게 물려주기를 한다. 형은 동생 앞에서 위상이 높아지고 동생은 놀잇감이 생겨서 좋다.

둘째, 유아교육기관에서는 놀잇감의 종류와 양을 적절하게 준비해 주도록 한다. 같은 색, 같은 모양의 놀잇감을 여러 가지 준비하여 갈등을 예방하는 것이 좋다. 그리고 순서를 정해서 가지고 놀 수 있도록 번호표를 준비해 두는 것도 도움이 된다.

4 수업활동과 관련된 문제행동

유아기는 가정을 떠나 유아교육기관에서 다른 친구들과 함께 생활하며 교사와의 상호작용 속에서 사회적 기술을 배워가는 시기이다. 때로는 혼자 놀이를 하기도 하고 집단 속에서 친구들과 함께 부딪히며 타협하고 양보하기도 하면서 문제를 해결하기도 한다. 그러나 교실에서 활동시간에 참여하지 않고 목적 없이 돌아다니거나 주의집중을 잘하지 못하는 문제행동을 보이는 유아들이 있다. 유아의 사회적 상호작용이나 언어표현력은 이후의 상급학교에서의 생활에 영향을 미치는 중요한 행동들이다. 집단행동과 관련된 많은 문제행동이 있지만 그중에 목적 없이 돌아다니는 행동, 사회적 놀이에 참여하지 않는 행동, 말을 잘 하지 않는 행동, 주의집중을 잘 못하는 행동에 대해 살펴보고자 한다. 각각의 원인과 지도방법은 다음과 같다.

1) 수업활동과 관련된 문제행동의 원인

(1) 목적 없이 돌아다니는 행동의 원인

교사가 수업을 할 때나 활동시간에 이유 없이 서성이며 돌아다니는 유아가 있다. 교사는 수업 진행에 방해가 되고 다른 유아들은 수업에 집중할 수가 없다. 배회하는 원인으로는 관심끌기의 수단으로 돌아다니는 경우가 있다. 다른 유아들은 앉아 있는데 혼자 서서 왔다 갔다 하면 이목이 집중되고, 자기가 중심이 되는 것 같은 착각을 하기 때문에 배회한다. 또 하나는 집중력이 떨어지거나 호기심이 지나치게 많아서 여기저기 관심을 가지면서 돌아다니는 경우도 있다. 교실활동이 유아의 수준에 맞지 않는다거나 싫증이 느껴져서 배회하기도 한다. 또는 활동하는 공간이 지나치게 넓거나 개방적일 경우에도 배회한다.

(2) 사회적 놀이에 참여하지 않는 고립된 행동의 원인

또래들과의 긍정적인 상호작용은 사회성 발달에 영향을 미치므로 친구들과 어울려 놀 수 있어야 한다. 그러나 또래 친구들과 어울려 놀지 못하고 고립된 행동을 하는 유아들의 경우 놀고 싶어도 놀 수가 없어서 불행해 하는 경우도 있다. 따라서 고립된 행동의 정확한 원인을 파악해서 대처해야 한다. 유아들이 고립된 행동을 선택하게 되는 이유는 다음과 같다.

① 유아의 성격이나 기질이 너무 내성적이어서 아무하고나 쉽게 어울려 놀지 못하기 때문이다. 내성적인 아이는 많은 무리 속에서 지내는 것이 불편하고 서서히 알아가며 사귀는 형이라 아무하고나 어울려 놀기가 쉽지 않다.

② 부모와 관련된 요인으로 자녀를 지나치게 과잉보호하여 또래와 어

울려 놀 수 있는 기회를 충분히 주지 못한 것이 원인이 될 수 있다.

③ 사회적 기술이 부족해서이다. 또래와 놀이를 경험해 본 적이 없어서 친구에게 어떻게 접근해야 하고, 어떻게 놀이에 참여해야 하는지 등 사회적인 기술이 부족하여 혼자놀이를 하는 경우도 있다.

④ 심리적, 신체적 문제 때문일 수 있다. 내적으로 불안하거나 위축되어 있고 심한 열등감을 가지고 있거나, 수줍음이 많고 부끄러움을 많이 타는 경우에 또래들이 너무 위협적으로 느껴져서 가까이 가지 못하기도 한다. 또는 지적인 능력과 체격이나 체력이 또래보다 우월하거나 열등한 경우 혼자 노는 경향이 있다.

(3) 말을 하지 않는 행동의 원인

말을 잘하지 않는 행동은 입을 꼭 다물고 말을 걸어도 대답을 하지 않는 행동을 말한다. 말을 잘하지 않는 행동에는 두 가지 유형이 있다. '네, 아니오' 외에는 다른 말을 하지 않는 유형과 무엇을 물어보아도 무표정하게 대답을 하지 않는 유형이 있다. 말을 하지 않는 아이는 대개 다음의 원인에서 비롯된다.

① 말할 필요를 느끼지 못하기 때문에 말을 잘 하지 않는다. 가정에서 묻기도 전에 모든 것을 알아서 제공해준 환경에서 자란 유아는 굳이 말을 할 필요성을 느끼지 못한다. 말을 안 하고 있으면 부모가 알아서 이것저것 물어본다. 그러면 아동은 '네, 아니오'만 하면 된다.

② 관계 맺기에 어려움이 있는 유아들인 경우 말을 하려고 하지 않는다. 소극적인 기질이거나 낯가림을 심하게 해서 입을 열려고 하지 않는다.

③ 생활에서 갑작스런 충격으로 인해 갑자기 말을 하지 않거나 친구

들과 놀려고 하지 않는다. 예를 들어, 부모 중 한 사람을 갑자기 잃었거나 부모가 이혼을 한 경우이다. 이 경우 실어증과는 구분해야 한다.

(4) 주의산만 행동의 원인

주의가 산만해서 집중을 잘 하지 못하는 유아는 또래들에 비해 집중력이 부족해서 과제수행을 잘 못하게 된다. 또한 주의산만 아동이 많으면 교실은 늘 소란스럽고 전체적인 균형이 깨지기 쉽다. 주의산만행동과 주의력결핍 및 과잉행동장애(ADHD)와 혼동하지 않도록 한다. 주의산만의 원인은 다음과 같다.

① 집중시간이 짧기 때문이다. 보통 2세 유아는 한 과제에 평균 7분 정도 집중할 수 있으며, 3세는 9분, 4~5세는 12분 정도 주의를 집중할 수 있다. 주의산만행동은 자신의 연령대의 평균치보다 그 정도가 심한 경우에 해당된다.

② 부모의 언어적 메시지와 양육태도와 관련이 있다. 부모가 아이에게 한 가지의 메시지가 아닌 동시에 여러 개의 메시지를 주문하는 것이다. 그러면 아이는 어디에 초점을 맞추어야 할지 혼란스러워 당황하게 된다. 그리고 부모 자체가 성격이 급해서 유아에게 '빨리 빨리'를 주문하고 재촉하는 경우 아이는 산만해질 수밖에 없다.

③ 가정이 불안정한 상태인 경우에도 원인이 될 수 있다. 부모가 자주 다투거나 신경질적이거나 가족의 수가 많고 친인척이 수시로 드나들거나, 가족들이 너무 바빠서 잠시도 마음 편하게 있을 시간이 없는 가정에서 자란 유아는 항상 불안하고 초조하기 때문에 주의가 산만할 수밖에 없다.

2) 수업활동과 관련된 문제행동의 지도방법

집단행동과 관련된 문제행동을 지도하기 위해서 문제행동이 어떤 양상으로 나타나는지 기초적인 정보를 수집하고, 교실의 환경을 분석해야 한다. 그리고 가정과 다른 곳에서의 행동은 어떤지 부모면담을 실시하고 문제해결을 함께 모색하도록 한다. 유아와 가정, 교육기관이 삼위일체가 되어 함께 협력하고 노력해야 한다.

(1) 관찰 목록을 만들어 유아의 행동을 파악한다.

관찰할 목록을 만들어 유아가 언제, 어떻게, 무슨 이유로 활동참여에 어려움을 보이는지 분석한다. 활동이 너무 쉽거나 어려워서인지, 유아의 사회적 기술과 능력이 부족한 것인지, 교재·교구가 부족해서 그런지를 파악하고 그 원인에 따라 지도전략을 세운다.

(2) 교재·교구의 점검

교실에 비치되어 있는 교재·교구의 점검을 통해 준비된 매체가 유아의 수준이나 발달과정에 적절한지, 다양한 수준과 내용의 교구들이 비치되어 있는지를 파악하고 제공되도록 한다.

(3) 유아의 사회적 상호작용의 기술 지도

① 유아에게 교사나 친구들의 놀이를 관찰할 수 있는 기회를 충분히 제공한다.

역할놀이, 게임, 쌓기놀이, 과학 영역의 관찰도구 등 교사가 유아와 함께 다른 친구들이 어떻게 노는지를 관찰할 수도 있고, 유아와 며칠 동안 시간을 보낼 수도 있다.

② 유아에게 필요한 활동이 무엇인지 파악한다.

그것이 사회적 기술인지, 언어적 표현인지, 감각기관을 활용해야 하는 것인지를 파악한다. 그리고 유아가 성공할 수 있는 활동인지, 능력 밖의 활동인지를 고려한다.

③ 유아에게 활동에 참여할 수 있는지를 물어본다.

유아가 원한다면 참여할 수 있는 역할을 만들어 주거나 필요한 도구를 만들어 줄 수 있다.

④ 유아와 함께 하는 시간을 줄여나간다.

유아가 스스로 놀이에 참여하고 진행할 수 있게 되면 교사는 유아와 함께 하는 시간을 줄여 나간다. 짧은 시간 간격을 두고 유아 곁에서 떠나주고 다시 짧은 시간 후에 다시 와서 유아의 활동에 격려해 준다. 유아가 활동을 끝내게 되면 칭찬을 해주고 유아로 하여금 기쁨과 성취감을 갖도록 한다.

(4) 친구들과 짝을 지어준다.

친구들과 짝을 만들어 주거나 그룹을 만들어 주고 리더 역할을 돌아가면서 할 수 있도록 배려하도록 한다.

(5) 관심끌기 위한 행동은 모두 무시한다.

유아가 혼자 있거나 교실을 돌아다닐 때 관심을 주지 않는다. 대신 계속 관찰을 하면서 조금이라도 활동에 참여하는 모습을 보일 때 강화를 해 준다.

참고문헌

강갑원(2012). 상담심리학-이론과 실제-. 경기: 양서원.

강진령(2009). 상담과 심리치료. 경기: 양서원

강혜원 외(2012). 유아생활지도 및 상담. 경기: 양서원.

김인자(1991). 현실요법의 적용. 서울: 중앙적성출판사.

김인자(1997). 현실요법과 선택이론. 서울: 한국심리상담연구소.

김정규(1995). 게슈탈트 심리치료. 서울: 학지사.

김종운(2013). 상담심리학의 이론과 실제. 서울: 동문사.

김청자 외(2015). 생활지도와 상담. 서울: 태영출판사.

김춘경 외(2016). 상담학 사전. 서울: 학지사.

노안영(2005). 상담심리학의 이론과 실제. 서울: 학지사.

박경애(1997). 인지·정서·행동 치료. 서울: 학지사.

박성수 외(2000). 상담심리학. 서울: 한국방송통신대학교출판부.

박정옥 외(2011). 아동생활지도. 경기: 양서원.

서명원 외(2010). 영유아생활지도. 경기: 양서원.

신윤호, 오만록(2005). 생활지도와 진로개발. 서울: 학지사.

안영진(2013). 누리과정에 따른 생활지도 및 상담. 서울: 창지사.

이영훈 외(2007). 유아 문제행동의 이해 및 지도. 서울: 태영출판사.

이경숙 외(2009). 생활지도와 상담. 서울: 동문사.

이성태(1991). 이해 중심 TA와 재경험 중심 TA 프로그램의 자율성, 생활자세 및 내재화에 미치는 효과. 박사학위논문. 계명대학교 대학원.

이장호(1995). 상담심리학. 서울: 박영사.

이정숙 외(2016). 아동심리치료학 개론 2. 서울: 학지사.

이형득 외(1995). 현대 상담 이론의 실제. 서울: 교육과학사.

장선철 외(2016). 유아생활지도. 서울: 태영출판사.

하수연, 정재은, 김명지, 김연옥, 김보경(2017). 유아교사를 위한 생활지도 및 상담. 경기: 공동체.

장선철, 정현숙(2016). 유아생활지도. 서울: 태영출판사.

천성문 외(2006). 상담심리학의 이론과 실제. 서울: 학지사.

황혜정(2005). 유아의 문제행동 진단을 위한 부모요 교사용 검사 개발 연구. 유아교육연구. 25(2). 235-257.

Aaron T. Beck(1979). 우울증 인지치료(원호택 외 공역). 서울: 학지사.

Corey, G.(1986). *Theory and practice of counseling and psychotherapy.* Monterey, Calif: Brooks/Cole.

Corey(2017). Theory and practice of counseling and psychothrapy 10th.(천성문, 권선중, 김인규, 김장회, 김창대, 신성만, 이동훈, 허재홍 역, 2017) 심리상담과 치료의 이론과 실제 10판. 서울: 센게이지러닝코리아(주).

Charles S. Carver & Michael F. Scheier(2005). 성격심리학. 김교현 외 공역. 서울: 학지사.

Essa, E.(2003). *A Practical Guide to Solving Preschool Behavior Problems.* 5th eds. NY: Thomson & Delmar Learning.

Kamii, C.K(1985). *Young children reinvent arithmetic.* NY: Teachers College Press.

Gatrell, D.(1994). *A guidance approach to discipline.* NY: Delmar Pub.

Glasser, W.(1998). Choice Theory: *Anew psychology of personal freedom.* New York: Harper Collins.

Karpman, S.B.(1968). Fairsy tales and script drama analysis. *Transactional Analysis Bulletion, 7*, 39-43.

Levitsky, A. & Perls, F.(1970). The Rules and games of Gestalt therapy. In : J. Fagan and I. Shepherd(Eds.). *Gestalt therapy now.* Palo Alto, California: Science and Behavior Books.

Hansen, J., Stevic, R. & Warner, R. W.(1977). *Counseling Theory and Process.* Boston : Allyn & Bacon, Inc.

Marion, M.C.(1991). 유아생활지도. 조희숙 역, 서울: 창지사(원저출판 1981).

Miller, D.F(2003). 아동생활지도. 조희숙, 공숙자, 김선욕 공역. 서울: 창지사(원저출판 2000).

Fields, M.V. & Boesser, C.(1994). *Constructive guidance and discipline:* Preschool and primary education. New York: Merrill.

Hansen, J.C., Stevic, R.R., & Smith, E.M.(1976). *Group counseling: Thdory & process.* Chicago: Rand McNally Collage Publishing Company.

Harman, R.L.(1989). *Gestalt therapy with groups, couples, sexually dysfunctional men, and dreams.* Springfield, IL: Charles C. Thomas.

Offer. D., & Sabshin, M.(1984). *Normality and the life cycle : a critical integration.* New York : Basic Books.

Polster, E.(1987). *Every person's life in worth a novel.* New York: W.W. Norton & Company

Rogers. C.R.(1952). Client-centered psychotherapy. *Scientkfic American*, pp. 66~74.

Tyler, L.E(1969). *The work of the counselor.* New York: Appleton-Century-Crofts.

Pietrofesa, J.J., Leonard, G.E. & Van Hoose, W.(1978). *The authentic counselor* (2nd ed). Chicago: Rand McNally College.

Shertzer, B., & Stone, S.C.(1980). *Fundamentals of guidance*(4th ed.). Boston: Houghton Mifin.

Yontef, G.M.(1995) *Gestaly therapy.* In A. S. Gurman & S. B. Messer(Eds.) (pp.261-303). New York: Guiford Press.

저자소개

김명숙

홍익대학교 일반대학원 졸업(교육학박사, 상담심리전공)

현: 부천대학교 유아교육과 교수
심리상담연구소 사람과 미래 소장(www.mirae4u.kr)
서울가정법원 상담위원
한국유아교육협회 이사

경력: 한국외국어대학교 교육대학원 외래교수
서일대학교 겸임교수
서강대학교 평생교육원 외래교수
유한대학교 외래교수
국립서울정신병원소아청소년정신과 심리치료사
분당YMCA 청소년상담실 실장
대한에이즈예방협회 레드리본상담센터 소장
송파인성장애인종합사회복지관 의료재활팀장(놀이치료)

저서: 상담사례연구 I, 좋은 부모 되는길
상담사례연구 II, 좋은 부부 되는길
창의 · 인성 직업윤리 공저
창의 · 인성 중심의 리더십 공저
창의적 사고와 표현 공저
소통과 이미지 컨설턴트 공저

논문: Marriage Encounter프로그램의 효과에 관한 연구
성인애착유형에 따른 이성교제커플들의 관계만족
성인애착유형조합에 따른 이성교제행동과 이성관계만족간 관계

생활지도와 상담

초판 1쇄 발행 / 2020년 1월 20일
초판 2쇄 발행 / 2021년 3월 15일
초판 3쇄 발행 / 2023년 8월 17일

저 자 / 김 명 숙
발행인 / 이 중 수
발행처 / 동 문 사

서울특별시 서대문구 홍제원 1길 12
(홍제동 137-8)
Tel : 02)736-3718(대), 736-3710, 3720
Fax : 02)736-3719
등록번호 : 1974.04.27. 제9-17호
가격 : 22,000원

ISBN : 979-11-6328-134-4 (93370)
E-mail : dong736@naver.com
www.dongmunsa.com